Dieses Buch gehört:

schatulle
springe

Vollwert-ABC

für Lecker-mäuler & Co.

von Luise Brüggemann,
Silke und Ute Brehme

verlegt von

Wolfgang Hölker

ISBN 3-88117-427-3
VVA Nr. 28000427-8

Graphische Gestaltung: Rainer Eichler
Illustrationen: Hannelore Suerbier
Printed in Germany by Druckhaus Cramer, Greven
Buchbinderische Verarbeitung: Klemme, Bielefeld
Musterschutz angemeldet beim Amtsgericht Münster

Inhalt

Hallo, ihr Leckermäuler!

Warum ein Büchlein über Vollwert-Ernährung für euch? Ganz einfach: **Ihr** möchtet fit sein, gesunde Zähne behalten und in der Schule oder beim Sport gute Leistungen zeigen. (Wer möchte schon krank sein, Karies = kaputte Zähne haben oder schlechte Noten mit nach Hause bringen?!) **Wir** möchten euch mit unserem Vollwert-ABC Tips und Rezepte weitergeben, damit ihr nicht nur als Kinder okay seid, sondern auch später von den Folgen falscher Ernährung verschont bleibt, wie z. B. Karies, Übergewicht, Stuhlverstopfung, Zuckerkrankheit, Bluthochdruck.

Was heißt jetzt **Vollwert-Ernährung?**

a) Die Lebensmittel so natürlich wie möglich belassen
Beispiel: Die Natur schenkt uns das ganze Weizenkorn. Wenn diese Körner in die Getreidemühle gegeben werden, erhalten wir ein 100%iges Vollkornmehl. Heute ist es aber üblich, Randschichten und Keim des Getreidekorns abzutrennen und nur den Stärkekern zu verwenden. Das bedeutet: Vitamine, Mineralien, Ballaststoffe und wertvolle Öle gehen verloren.

**b) Die Lebensmittel so frisch und so natur-
belassen wie möglich verzehren**
Beispiel: Täglich sollte ein Teil der Nahrung
unerhitzt (roh) gegessen werden, das heißt
Gemüse als Salat und Getreide als Frischkornbrei angerichtet.

**c) Die Lebensmittel so schonend wie möglich
zubereiten**
Beispiel: Gemüse kurz und gründlich waschen,
nicht aber im Wasser schwimmen lassen.

Essen soll uns nicht nur gesund erhalten,
sondern auch Freude bereiten. Ladet also
Geschwister, Eltern und Freunde ein, um
mitzumachen bei den Vorbereitungen oder
mitzuessen. Und wer da glaubt, Vollwert-
Ernährung bestehe nur aus Körnern, der irrt
gewaltig! Vollwert-Ernährung ist nämlich sehr
vielseitig, abwechslungsreich und schmeckt
obendrein toll — gerade richtig für Leckermäuler & Co.

I. Erst lesen,
und schon kann's losgehen

1. Das hilft euch in der Küche

Getreidemühle (wenn nicht vorhanden,
  das Getreide im Naturkostladen oder
  Reformhaus mahlen lassen)
Omas Kaffeemühle
elektrische Kaffeemühle
elektrisches Handrührgerät
Pürierstab
Rührschüsseln, groß und klein
Kuchenrolle und Teigrädchen
Kuchengitter
Backpapier
Kuchenform, Backblech
Auflaufform
Spritzbeutel mit verschiedenen Tüllen
Teigschaber
Schneebesen
Rührlöffel
Töpfe und Pfannen
Dämpfeinsatz
Gemüseraffel (Handraffel oder elektrische)
Salatschleuder
Arbeitsbretter
Sparschäler
Gemüsebürste
Kugelbohrer
Kartoffelstampfer

Knoblauchpresse mit feinen Löchern
Litermaß
Wasser- und Fettpinsel
Alufolie (sparsam verwenden)
Klarsichtfolie
Waffeleisen
Vorratsdosen
Topflappen!!

2. Tips für den Anfang

Die Zutaten sind für 4 Personen gedacht;
Änderungen werden besonders vermerkt.
Lest die Rezepte zunächst ganz durch und stellt
alle Sachen bereit!

Getreide mahlen

Fein gemahlenes Getreide = Vollkornmehl,
grob gemahlenes Getreide = Vollkornschrot.
Wichtig ist, daß ihr das Getreide erst dann
mahlt, wenn ihr es braucht.
Körner fürs Müsli werden grob geschrotet.
Das geht auch mit Omas Kaffeemühle oder im
Mixer.
Das Getreide für Kuchen, Torten oder
Plätzchen mahlt ihr bei feinster Einstellung der
Getreidemühle. Habt ihr zu Hause keine
Getreidemühle, dann laßt euch das Getreide
im Bioladen oder Reformhaus mahlen oder
schroten.

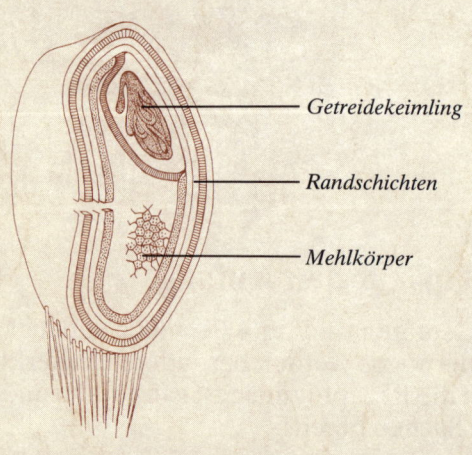

Getreidekeimling

Randschichten

Mehlkörper

Nüsse oder Mandeln mahlen/reiben

Nüsse oder Mandeln dürfen auf keinen Fall in die Getreidemühle gegeben werden. Sie enthalten zuviel Fett und würden das Mahlwerk verkleben. Die Mühle streikt dann. Besser geht's mit einer Mandelmühle von Hand oder mit der Raffel oder Scheibe eurer Küchenmaschine, je nachdem, was bei euch im Haushalt vorhanden ist.

Honig abwiegen

Das geht am besten so: Rührschüssel auf die Waage stellen und die benötigte Honigmenge zum angezeigten Gewicht dazurechnen. Honig mit einem Löffel in die Schüssel geben und Gewicht ablesen.

Beispiel:
Schüssel   500 g
benötigter Honig   80 g
soviel Honig in die Schüssel geben,
bis die Waage   580 g
anzeigt.

Bei einer Zuwiege-Waage ist es einfacher: Schüssel daraufstellen, Zeiger auf Null drehen, Honigmenge dazugeben und Gewicht ablesen.

Eier aufschlagen
Ei in der Mitte auf einen kantigen Schüsselrand
schlagen. Mit den Daumen die Schalenhälften
auseinanderziehen und den Inhalt (= Eigelb
und Eiklar) in eine Tasse oder Schüssel fallen
lassen. Braucht ihr mehrere Eier, dann einzeln
in eine Tasse schlagen, denn es könnte mal ein
faules Ei dabei sein.

Eier trennen
Eier über der Schüssel, die für das Eiklar
bestimmt ist, trennen. Ei am Schüsselrand
anschlagen. Mit den Daumen auseinanderziehen, dabei die Eihälften aufrecht halten.
Oberen Teil vorsichtig abheben, dann läuft ein
Teil des Eiklars in die Schüssel. Das Eigelb
liegt in der unteren Schalenhälfte. Ihr kippt es
in die andere Hälfte, dabei läuft wieder Eiklar
heraus. Das macht ihr zwei- bis dreimal.
Aufgepaßt, damit das Eigelb nicht ausläuft!

Eiklar steifschlagen
Mixstäbe und Schüssel müssen ganz sauber
sein. Eiklar mit 1 Pr. Vm-Salz in eine hohe
Schüssel geben. Mit dem elektrischen Handrührer so lange schlagen, bis sich eine „Sieges-

fahne" zeigt, die aufrecht stehen bleibt, wenn
ihr die Mixstäbe herauszieht. Im anderen Falle
wäre es eine „Trauerfahne", und ihr müßtet
noch etwas weiterschlagen.
Eischnee erst kurz vor Gebrauch schlagen.
Bei längerem Stehen fällt er in sich zusammen.

Sahne steifschlagen
Die Sahne muß gut gekühlt, Becher und
Mixstäbe müssen sauber sein. Sahne in eine
hohe Schüssel gießen und mit dem elektrischen
Handrührer schlagen. Die Sahne ist fest, wenn
der Quirl Linien hinterläßt. Gewürze und
Honig zur fast steifen Sahne geben. Nur kurz
weiterrühren, sonst wird's Butter.
Für Torten muß die Sahne längere Zeit fest
bleiben. Dann könnt ihr sogenannte Sahne-
festiger nach Vorschrift verwenden.
Das Sahneschlagen geht auch mit dem
Schneebesen, dabei braucht ihr etwas Aus-
dauer.

Pürieren von Suppen, Soßen, Obst etc.
Das geht einmal mit dem Pürierstab, der an das
elektrische Handrührgerät geschraubt wird.
Wollt ihr etwas Heißes pürieren: den Topf vom
Herd nehmen und mit dem Pürierstab kurz
durcharbeiten. Vorsicht, daß es nicht spritzt!

Es geht aber auch im Mixer (Mixaufsatz).
Zutaten hineingeben, Deckel darauf und
laufen lassen. Auch Trockenobst könnt ihr auf
diese Weise „kleinkriegen".

Mandeln schälen
Braune Mandeln lassen sich ganz leicht
schälen, wenn man sie mit kochendem Wasser
übergießt und 10 Minuten stehen läßt. Dann
auf ein Sieb schütten, kalt abspülen. Die
Mandeln „flutschen" jetzt aus ihrer braunen
Haut. Auf Küchenkrepp legen oder kurz im
Backofen bei 50° C trocknen.

Zwiebeln würfeln
Braune Haut der Zwiebel abpellen. Zwiebel
längs halbieren und mit der Schnittfläche auf
das Arbeitsbrett legen. Ihr schneidet die
Hälften zuerst waagerecht, dann senkrecht
mehrmals ein. Die Schnitte enden vor der
Zwiebelwurzel. Je größer die Abstände der
Einschnitte sind, desto größer werden auch die
Würfel. Bei kleinen Zwiebeln genügt das
senkrechte Einschneiden.
Am besten ein Schneidbrett mit „Z" kennzeich-
nen und nur für Zwiebeln verwenden.
Bei Äpfeln, Apfelsinen, Birnen macht ihr's
genauso.

Kräuter schneiden
Kräuter unter fließendem Wasser waschen und
mit Küchenkrepp oder in der Salatschleuder
trocknen. Petersilie z. B. wie zu einem
Blumenstrauß zusammennehmen, alle Stengel
in eine Richtung legen. Dann mit der Hand fest
zusammenhalten und von der Spitze des
Sträußchens her möglichst fein schneiden.
Die dicken Stengel laßt ihr übrig. Auf eure
Finger aufpassen!

Würzen
Beim Würzen ist Fingerspitzengefühl gefragt.
Das Essen soll ja nicht nach Salz, Pfeffer, Essig
schmecken. Die Gewürze betonen den
Eigengeschmack der verwendeten Zutaten.
Also zunächst sparsam würzen, probieren und
eventuell nachwürzen.
Frische Kräuter gebt ihr erst zum Schluß dazu,
sie dürfen nicht mitkochen. Getrocknete
Kräuter verwendet ihr sparsamer, denn sie
würzen stärker. Sie können kurz mit erhitzt
werden.

Backofen vorheizen

Bevor ihr den Ofen einschaltet, seht nach, ob
er leer ist. Eventuell ausräumen. Dann
gewünschte Temperatur einschalten. Es dauert
5-10 Minuten, bis sie erreicht ist. Also
rechtzeitig daran denken! Kommt ihr nicht
zurecht, fragt lieber eure Mutter! Wir empfeh-
len, für Vollkorngebäck und -aufläufe auch den
Heißluftherd/Umlufttherd vorzuwärmen. Bei
diesen Herden müßt ihr von der angegebenen
Temperatur 20° C abziehen. Beispiel: Der
Herd soll auf 200° C vorgeheizt werden, dann
wird der Heißluft- oder Umlufttherd nur auf
180° C geschaltet.

Rösten

Hier gibt's zwei Möglichkeiten: im Backofen
oder in der Pfanne. Muß der Backofen sowieso
vorgeheizt werden, nutzt ihr die Gelegenheit
und schiebt ein Backblech mit Nüssen,
Mandeln (ganz, gehackt oder in Scheiben), mit
Sonnenblumenkernen oder Sesam ein.
Küchenwecker stellen auf ca. 6 Minuten. Öfter
nachsehen. Nicht zu dunkel rösten!
Fein gemahlene Nüsse/Mandeln rösten wir in
der Pfanne, mit oder ohne Fettzugabe, wie es
im Rezept angegeben ist. Mit dem Pfannen-
heber umrühren.

Knoblauch in Öl pressen

Eine Knoblauchzwiebel besteht aus mehreren
Zehen. Damit diese Zehen fein zerkleinert
werden und sich besser im Salat oder in
anderen Gerichten als Geschmackszutat
verteilen, stecken wir sie in eine Knoblauchpresse. Auf einen Löffel oder in einen
Eierbecher kommt 1 Tl bis 1 El Kaltpreßöl.
Dahinein preßt ihr den Knoblauch, verrührt
alles und laßt es einige Minuten stehen.
Dadurch wird der Knoblauchgeruch gemildert.
Wenn ihr nach einem mit Knoblauch gewürzten
Essen etwas Petersilie kaut, ist der Mundge-
ruch auch verschwunden.

Leckermäuler zaubern selbst

In den nun folgenden Rezepten haben wir
einige Wörter abgekürzt. Was diese „Kürzel"
bedeuten, könnt ihr hier nachlesen.

g	=	Gramm
kg	=	Kilogramm
l	=	Liter
Pr.	=	Prise
Lsp.	=	Löffelspitze
Tl	=	Teelöffel, gestrichen voll
El	=	Eßlöffel, gestrichen voll
P.	=	Päckchen
geh.	=	gehäuft
gem.	=	gemahlen
ungeh.	=	ungehärtet
Vm-Salz	=	Vollmeersalz
K-Salz	=	Kräutersalz
Wv-Mehl	=	Weizenvollkornmehl
V-Paniermehl	=	Vollkorn-Paniermehl
s. S. ...	=	siehe Seite . . .
cm	=	Zentimeter
ca.	=	zirka, etwa
°C	=	Grad Celsius
o. a.	=	oder anders
usw.	=	und so weiter
z. B.	=	zum Beispiel
bzw.	=	beziehungsweise

1. Frühstück und Pausenbrot
– alles, was fit macht

Ein ausreichendes, vollwertiges Frühstück, in
Ruhe gegessen, macht nicht nur körperlich,
sondern auch geistig fit. Das heißt, wenn ihr
morgens Frischkornbrei oder Vollkornbrot mit
Quark und/oder Gemüse/Obst statt Weißmehl-
brötchen eßt, fällt euch das Lernen in der
Schule leichter. Ihr könnt euch länger konzen-
trieren. Der Hunger stellt sich erst viel später
ein. Ein üppiges Pausenbrot oder Süßigkeiten
und zuckerreiche Getränke (denkt an eure
Zähne!) braucht ihr nicht – das spart Taschen-
geld! Es genügt ein Stück Gemüse/Obst oder
1 Becher frische Vollmilch oder Bioghurt, um
euch wieder in Schwung zu bringen.
Wenn ihr aber zu den Kindern gehört, die
frühmorgens so recht noch nichts essen
können, ist das Pausenbrot um so wichtiger.
Dafür haben wir auf Seite 30 einige Vorschläge
gemacht. Damit ist garantiert, daß ihr mit den
Hauptnährstoffen Kohlenhydrate, Fett und
Eiweiß, aber auch mit Vitaminen, Mineralien
und Ballaststoffen ausreichend versorgt seid.
Kennt ihr den Frischkornbrei noch nicht?
Fangt doch mal mit einer kleinen Portion an.
Probieren geht über studieren!

Frischkornbrei, einfach

Pro Person: 1 El Getreide (Weizen oder Dinkel oder Gerste) schroten (s. S. 12) und mit 2½ El Wasser in einer Porzellan- oder Glasschüssel verrühren. Schüssel gut abdecken und mindestens 4 Stunden, längstens aber 12 Stunden bei einer Temperatur von 18-20° C stehen lassen. Dann frisches Obst nach Wahl und Vorrat, z. B. Äpfel, Birnen, Aprikosen, Apfelsinen, Pflaumen, Kirschen, Bananen, Beerenobst, waschen und eventuell zerkleinern. Obst unterheben oder dazu essen. Besonders gut schmeckt der Frischkornbrei, wenn ihr mal Nüsse, Mandeln, Sonnenblumenkerne, Leinsamen oder Sesam, etwas Sahne oder Bioghurt dazu gebt.
Hat's euch geschmeckt, könnt ihr den Getreideanteil bis auf 2-3 El = 40-50 g erhöhen.
Bereitet abends schon das Frühstück vor:

Arbeitsbrett und Messer zurechtlegen,
Müslischälchen und Schüssel bereitstellen usw.

● B wie Ballaststoffe

Ballaststoffe sind pflanzliche Faserstoffe und
kommen somit in tierischen Nahrungsmitteln
nicht vor. Sie sind enthalten in Vollgetreide,
Gemüse sowie Obst und haben wichtige
Aufgaben bei der Verdauung zu erfüllen. Sie
machen den Darminhalt lockerer und volumi-
nöser (= größer). Viele Ballaststoffe durchwan-
dern den Verdauungskanal, ohne verwertet zu
werden, sorgen aber mit dafür, daß sich die
Darmbakterien im Darm wohlfühlen.
Alle, die sich regelmäßig mit ballaststoffreicher
Nahrung versorgen (Müsli, Vollkornprodukte,
Gemüse und Obst, auch zum Teil roh), werden
keine Stuhlverstopfung bekommen.

Strichmännchen im Bioghurt-Müsli

*Pro Person: 1-3 El Weizen oder Dinkel,
6-8 Haselnußkerne, die ihr abends in etwas
Wasser einweicht, 1-2 El Bioghurt, 150-200 g
frisches Obst aus Muttis Vorrat*

Und so macht ihr's: Getreide schroten und mit
dem Bioghurt in einer Schüssel verrühren.
Über Nacht einweichen.
Morgens das Obst vorbereiten und entsprechend eurem Wunsch zerkleinern. Nüsse
auf ein Sieb schütten, abtropfen lassen. Jetzt
könnt ihr sie gut halbieren und daraus ein
Strichmännchen auf euer Müsli legen.
Luftballons aus eingeweichten Rosinen sehen
auch gut aus. Denn was appetitlich angerichtet
ist, schmeckt besser!

Wichtig: Frische Vollmilch dürft ihr *nicht* zum
Einweichen nehmen!

Rosa Stern auf braunem Hafer-Müsli

*Pro Person: 1-3 El Sprießkorn- oder Nackthafer
(= ohne Spelzen), 2-6 El frische Vollmilch, ¼ Tl
Kakao, besser Carob, ½ Tl Ahornsirup oder
Honig, etwas Vanille, ¼ Banane (gewürfelt),
1 dicker Apfel (grob geraffelt), 1 Clementine,
Sonnenblumenkerne*

Und so macht ihr's: Hafer wir morgens grob zu
Flocken geschrotet. Er darf *nicht* eingeweicht
werden, weil er dann bitter wird. Hafer in eine
Schüssel geben, mit Vollmilch übergießen.
Banane und Apfel untermischen. Mit Kakao/
Carob, Ahornsirup/Honig und Vanille nach
eurem Geschmack fertigmachen.
Clementine schälen, in Spalten teilen und als
Stern auf das Müsli legen. In die Mitte streut
ihr Sonnenblumenkerne.

Traubenblüte auf Keimlings-Müsli

*Pro Person: 1-3 El Keimlinge von Weizen,
Dinkel oder Roggen (s. S. 28), 100 g Obst, was
vorhanden ist, eventuell auch mal aus der
Tiefkühltruhe (wenn's ohne Zucker eingefroren
wurde), 1 El Magerquark, 1 El Sahne, 1 Pr.*

Zimt und/oder Vanille, ca. 10 blaue oder grüne Weintrauben, 1 Haselnuß oder Kirsche oder schöne Beere

Und so macht ihr's: Die Keimlinge auf einem Sieb abspülen und abtropfen lassen. Obst waschen und zerkleinern. Quark mit Sahne und Gewürzen verrühren. Keimlinge und Obst untermischen. Auf Müsli-Tellerchen geben. Weintrauben warm waschen und mit Küchenkrepp trocknen. In die Mitte des Müslis die Nuß oder Kirsche legen, Weintrauben rundherum als Blüte anordnen.

Das geht natürlich auch mit anderen Früchten, je nachdem, was der Markt gerade bietet.

● **K** wie Keimlinge

Keimen von Samen ist eine aufregende Sache. Da liegen z. B. Weizenkörner oder Sonnenblumenkerne lange Zeit in einem Sack oder einer Tüte — und nichts passiert.

Ihr könnt sie aber leicht zum Leben erwecken. Das ist im Winter, wenn es nicht so viel frisches Gemüse wie sonst gibt, besonders wichtig.

Dazu besorgt ihr euch ein Glas, ein Leinentuch (Küchenkrepp geht auch) und ein Gummiband zum Verschließen des Glases.

Die Samen werden auf ein Sieb geschüttet und mit Wasser gewaschen. Danach füllt ihr sie in das Glas, so daß der Boden gut bedeckt ist. Gießt so viel Wasser dazu, daß es 2 cm hoch über den Samen steht. Das Glas wird dann mit Tuch oder Küchenkrepp bedeckt. Die Samen weichen nun über Nacht.

Am nächsten Morgen werden sie wieder im Sieb gewaschen. Tagsüber müssen die Keime ohne Wasser im abgedeckten Glas hell stehen. Abends werden sie wiederum gründlich gewaschen und „bewässert".

Ihr seht, die Pflege der Keimlinge ist ganz einfach. Morgens und abends wascht ihr sie gut, abends deckt ihr sie mit Wasser zu, und tagsüber stehen sie im Licht.

Bei Sonnenblumenkernen dauert es 2-3, bei Weizenkörnern 3-4 Tage, bis plötzlich kleine Schwänzchen aus den Samen hervorgucken. Nun könnt ihr sie für Salat oder Müsli verwenden.

Die Keimlinge sind zwar klein, aber wirkliche „Riesen", was den Gehalt an wichtigen Stoffen, z. B. Vitaminen, betrifft.

Vielerlei für die Pause

1 Stück Obst (Apfel, Birne, Banane, Clementine o. a.)

1 Stück Gemüse (Möhre, Kohlrabi, Gurke, Rettich o. a.)
Obst und Gemüse zu Hause vorbereiten.

Einige Nußkerne, nicht geröstet, nicht gesalzen.

Gemüse-Spieß: Je 1 Stückchen Paprika, Gurke, Radieschen, Zucchini (oder was sonst an Gemüse vorrätig ist, Mutter fragen) in bunter Reihenfolge auf ein Holzspießchen stecken. In Frischhaltedose oder Klarsichtfolie mitnehmen. Gründlich kauen, dann ist auch der Durst nicht mehr so groß.

Obst-Reigen: Frisches Obst nach Jahreszeit aus Mutters Vorrat in mundgerechte Stücke teilen, mit etwas Zitronensaft beträufeln. Entweder auf Holzspieß stecken oder in Frischhaltedose (Gäbelchen dazu) geben.

1 Spalt Melone liefert reichlich Mineralien und ist ein prima Durstlöscher.

1 Vollkorn-Knäcke, mit Kräuterquark oder Rahmkäse bestrichen, doppelt klappen.

Vollkornbrötchen oder Vollkornbrot:
- mit mildem Käse belegt. Dazu 1 Tomate
  oder einige Radieschen.
- mit Quark und kleingehackten Kräutern.
- mit Tahin Sesammus oder anderen
  Nußmusen bestrichen.

1 Bioghurt und einige Nußkerne oder etwas
frisches Obst dazu, anstelle von gekauften
Fertigjoghurts.

**1 Stück vom Sonntagskuchen oder einige
Vollkornplätzchen** dürfen's auch mal sein!

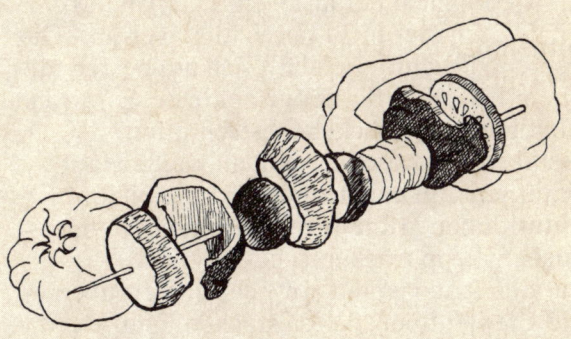

2. Kunterbunte Salate
Ananasschiff

*1 frische Ananas, die eine schöne Blattrosette
hat, 6 Clementinen, blaue Weintrauben,
16 Käsewürfel (Gouda), 1 x 1 x 1 cm groß,
einige Walnußkerne, runde Zahnstocher oder
bunte Partysticker*

Und so „baut" ihr das Schiff: Ananas längs
halbieren, auch die Blattrosette. Jetzt wird's
etwas knifflig, vielleicht hilft euch jemand
dabei. Mit einem scharfen, spitzen Messer
quer 2 cm breite Streifen einschneiden und so
tief wie möglich herauslösen. Die Ananas-
schale darf aber nicht beschädigt werden! Das
restliche Fruchtfleisch läßt sich am besten mit
einem Kugelbohrer herausnehmen. Es wird in
mundgerechte Stückchen geschnitten.
Clementinen waschen, pellen, weiße Haut
entfernen und in einzelne Spalten teilen.
Weintrauben gründlich warm waschen, mit
Küchenkrepp trocknen.
Auf den Ananasrand abwechselnd Trauben
und Clementinenspalten stecken, ganz dicht
aneinander; dazu nehmt ihr Zahnstocher oder
Partysticker. Obst und Käse bunt gemischt

aufspießen und in das ausgehöhlte Ananas-
schiff legen. Walnußkerne dazwischen
verteilen.

Chicoréeblüte

Ist schnell zu machen, sieht wunderschön aus
und schmeckt lecker.

2 große Chicoréestauden, 1 kleiner roter Apfel,
5-6 milchsauer eingelegte Silberzwiebeln,
geröstete Sonnenblumenkerne, 2-3 Clementinen
Tunke: 100 g Dickmilch, 100 g Sauerrahm, 1 Tl
Zitronensaft oder Molkosan, 1 Pr. Vm-Salz,
1 Tl Flüssigkeit von den Zwiebeln, 1-2 Tl
Ahornsirup

So geht's: Die Chicoréestauden waschen und
mit der Spitze nach unten auf einen Durchschlag stellen, damit sie abtropfen. Vom
Stielende etwa 2 cm abschneiden. Jetzt die
großen Blätter einzeln vorsichtig ablösen. Auf
den Rand eines flachen Tellers legen. Die
Tellermitte frei lassen. Das Chicoréeherz
schneidet ihr klein und gebt es nachher unter
den Salat; bitteren Strunk nicht mitverwenden.

Die Zutaten für die Tunke mit dem Schneebesen glattrühren. Den Apfel waschen,
halbieren, entkernen und klitzeklein würfeln.
Die Zwiebelchen einmal kreuz und einmal
quer durchteilen. Alles mit der Salattunke
vermischen. Den Salat in die Tellermitte füllen
und mit Sonnenblumenkernen bestreuen.
Die Clementinen waschen, pellen, auf jedes
große Chicoréeblatt zwei Spalten legen.

Chinakohlsalat

200 g Chinakohlblätter, 1 mittelgroße Zwiebel
Tunke: 1 El Zitronensaft oder Obstessig, 1 Tl
Ahornsirup oder Honig, 2 El Bioghurt, 5 El
Sonnenblumenöl, ¼ Tl Senf, ¼ Tl pflanzliche
Flüssigwürze, Pfeffer oder Salatgewürz-
mischung, 1 Pr. K-Salz
Garnitur: 1 Tomate, 1 hartgekochtes Ei

So läßt sich's gut machen: Die Chinakohlblätter waschen, in der Salatschleuder
trocknen oder in einen Durchschlag zum
Abtropfen stellen. Alle Zutaten für die Tunke
in eine Schüssel geben und mit dem Schneebesen verrühren. Zwiebel pellen und kleinschneiden. Chinakohl in mundgerechte
Stückchen schneiden, mit der Zwiebel unter
die Salatsoße mischen. Für die Garnitur
Tomate waschen und in Spalten schneiden.
Mit dem in Scheiben geschnittenen Ei
abwechselnd auf den Salat legen.

Gemüseturm „Power Tower"

Je 4 Scheiben Zucchini, Tomate, Zwiebel sowie
Apfel, alle ½ cm dick, 4 Scheiben Emmentaler

Käse (½ cm dick, rund ausgestochen), 4 Radieschen, feine Streuwürze, K-Salz, 4 Zahnstocher, 150 g Kräuterquark, 4 El Sahne, 1 Bund Schnittlauch

So setzt ihr ihn zusammen: Die Gemüsescheiben mit wenig Streuwürze und K-Salz bestreuen. 4 Türmchen der Größe nach aufeinanderstapeln; mit der größten Scheibe anfangen und die weiteren drauflegen.
Von den Radieschen Blätter und Würzelchen entfernen und waschen. Dreimal überkreuz ein-, aber nicht ganz durchschneiden und auf Zahnstocher spießen. Zahnstocher von oben vorsichtig durch den Turm stecken.
Kräuterquark mit Sahne verrühren und von oben über die Gemüsetürme laufen lassen.
Schnittlauch waschen, in feine Röllchen schneiden und darüberstreuen.

● S wie Salate

Salat ist Fit-Kost für alle. Er steht jeden Tag auf dem Speiseplan und ist nie langweilig. Denn ihr könnt fast alle Gemüsearten einzeln oder in den tollsten Zusammenstellungen, z. B. auch mit Obst, zubereiten.
Folgendes ist dabei wichtig:

a) Die Salatsoße wird als erstes gemacht. Ihr wascht und zerkleinert das Gemüse und gebt es sofort in die Soße.
b) Eßt den Salat zu Beginn der Mahlzeit, dann kann euer Körper die wichtigen Inhaltsstoffe besser ausnutzen. Salat sollte also immer Vorspeise sein.
c) Angerichteter Salat sollte nicht aufbewahrt werden. Bereitet nur so viel zu, wie ihr für eine Mahlzeit braucht.

Gurkendampfer „Käpt'n ahoi!"

1 große Salatgurke, 1 Bund Radieschen, 1 Tl Zitronensaft oder Obstessig, 1 Tl Ahornsirup, 2 El kalt gepreßtes Distelöl, 1 geh. Tl Bioghurt, 2 Pr. K-Salz, 1 Pr. Pfeffer, kleingeschnittene Kräuter (Schnittlauch, Dill), 1 Apfelsine, runde Zahnstocher oder Partysticker

Der „Bauplan" für den Dampfer sieht so aus: Die Gurke waschen und trocknen. Der Länge nach so durchschneiden, daß der untere Bootsteil größer bleibt. Dieses Boot mit einem Teelöffel aushöhlen, aber vorsichtig, damit ihr kein „Leck" in die Schale bohrt! Das Gurkenfleisch und den abgeschnittenen Deckel würfeln, dann in eine Schüssel geben. Von den

Radieschen Blätter und Wurzel entfernen,
waschen. In Scheiben schneiden und zu den
Gurken füllen.

Zitronensaft oder Obstessig, Öl, Bioghurt und
Gewürze verrühren und mit dem Gemüse
vermischen. Jetzt kann der Salat in den
Dampfer „geladen" werden.

Für die Garnitur die Apfelsine waschen,
trocknen und so viele dünne Scheiben davon
abschneiden, wie ihr Segel setzen wollt. Die
Segel macht ihr so: Zahnstocher oder Sticker
oben und unten durch die Apfelsinenscheiben
stecken, die Apfelsinenscheibe etwas zusam-
mendrücken, und schon sind die Segel voll
aufgebläht. In der Füllung befestigen. Wenn
ihr wollt, könnt ihr auch noch Radies-
chenscheiben seitlich als „Bullaugen" an-
bringen.

Und nun: Volle Fahrt voraus!

Hirse-Obst-Salat

*100 g Hirse, 300 g Wasser, 1 Pr. Vm-Salz,
2 Apfelsinen, 1 Banane, 1 Birne, 2 mittelgroße
Äpfel, ½ Zitrone, 30 g ungeschwefelte Rosinen
(wer mag), 2 El geröstete gehackte Cashew-
kerne, ca. 10 Weintrauben als Garnitur*

Und so macht ihr's: Hirse in einem Sieb heiß
waschen. Wasser und Vm-Salz erwärmen,
Hirse hineingeben und umrühren. Aufkochen
und bei geringer Hitze ca. 15 Minuten quellen
lassen. Dann wieder das Sieb zu Hilfe nehmen,
Hirse darin kalt abspülen, abtropfen lassen.
Die Apfelsinen warm abwaschen, Schale
entfernen, dann kleinschneiden.
Banane schälen und in Scheiben schneiden.
Birne und Äpfel waschen, vierteln, Kerngehäuse ausschneiden, dann in kleine Stücke
zerteilen.
Zitrone auspressen und das Obst mit dem Saft
beträufeln. Hirse, Obst und eventuell Rosinen
vermischen, 30 Minuten kühl stellen. In eine
hübsche Schüssel füllen und mit den Cashew-
nüssen bestreuen.
Weintrauben waschen, trocknen, halbieren
und den Salat damit verzieren.

● O wie Obst

Obst schmeckt immer. Es ist erfrischend und hat einiges an Vitaminen, Mineralstoffen sowie Ballaststoffen zu bieten.

Beim Obst unterscheidet man
– Steinobst: Kirschen, Pfirsiche, Aprikosen, Pflaumen
– Kernobst: Äpfel, Birnen
– Beerenobst: Erdbeeren, Himbeeren, Preiselbeeren, Weintrauben
– Südfrüchte: Orangen, Clementinen, Bananen, Ananas, Zitronen, Grapefruit
– Schalenobst: Haselnüsse, Walnüsse, Mandeln

Ihr seht, bei diesem riesigen Angebot gibt's nie Schwierigkeiten, etwas Köstliches für euer Pausenbrot oder Müsli zu finden.

Möhren-Kürbis-Salat

200 g Möhren, 150 g Kürbis, 1 dicker Apfel, 1 El
ungeschwefelte Rosinen, 1-2 El gehackte
Walnüsse, eventuell Clementinenspalten, grüne
Kürbiskerne
Tunke: 5 El frische Sahne, Saft von 1 Apfelsine,
2 El kalt gepreßtes Sesam- oder Sonnenblumen-
öl, je 1 Lsp. Zimt, gem. Ingwer sowie gem.
Nelken

So fangt ihr's an: Für die Salattunke alle
Zutaten mit dem Schneebesen aufschlagen.
Die Möhren gründlich bürsten, eventuell mit
dem Sparschäler schälen. Den Kürbis putzen;
Kürbisschale, Kerne und faseriges Fleisch
entfernen. Apfel waschen, vierteln, Kern-
gehäuse ausschneiden und mit Möhren und
Kürbis grob raffeln. Sofort in die Tunke geben.
Rosinen und Nüsse darüberstreuen.
Alles gut vermengen und in eine Salatschüssel
füllen. Als Garnitur sehen grüne Kürbiskerne
und Clementinenspalten hübsch aus.

Party-Salat „Pikantje"

Arbeit für 2 Köche!

*100 g ungeschälter Langkornreis, 300 g Wasser,
¼ Tl gekörnte Brühe oder ¼ Gemüsebrühwürfel, 175 g frische geschälte Erbsen (eventuell
tiefgefrorene), 6 cm weiße Porreestange, 1 roter
Apfel, 2 Scheiben frische Ananas, 1 Scheibe
pikanter Gouda (½ cm dick, 100 g schwer),
1 Dose (= 200 g) kleine Champignons (I. Wahl)
Tunke: 1-2 El Obstessig oder Molkosan, 2 El
Crème fraîche oder saure Sahne, je 1 Lsp.
Pfeffer, Vm-Salz sowie K-Salz, 1 Spritzer
pflanzliche Flüssigwürze, 2-3 Tropfen Tabasco
(nicht mehr!), 2 El kalt gepreßtes Sonnenblumenöl*

Alles zurechtstellen und dann: Zuerst schlagt
ihr mit dem Schneebesen die Zutaten für die
Tunke auf.
Dann Reis auf einem Sieb heiß abspülen. Das
Wasser mit gekörnter Brühe oder Gemüsebrühwürfel erhitzen. Reis dazugeben, einmal
aufkochen lassen. Bei niedrigster Wärmezufuhr 30-35 Minuten „al dente" = bißfest garen.
Auf ein Sieb schütten, Brühe auffangen und
eventuell noch 1-2 El davon an den Salat geben.
Reis kalt abspülen.

Frische Erbsen in wenig Wasser 5 Minuten
garen, tiefgefrorene auftauen lassen. Vom
Porree die äußere Schale entfernen, dann längs
teilen, waschen und quer in schmale Streifen
schneiden.
Apfel waschen, halbieren, entkernen und
stifteln. Ananasscheiben schälen, die „Augen"
mit einem Schälmesser herausstechen. Die
Scheiben erst längs, dann quer in 1 cm breite
Streifen schneiden = Würfel. Ist der Strunk der
Ananas zu hart, dann nicht mitverwenden.
Käse in Würfel schneiden. Champignons auf
einem Sieb abtropfen lassen. Alle Zutaten mit
der Tunke vermischen und eventuell noch
nachwürzen.
Als Garnitur könnt ihr Scheiben von
2 Tomaten und 2 hartgekochten Eiern sowie
Petersilie oder Dill verwenden.
Der Reissalat wird auch euren Freunden
schmecken. Für eine Party könnt ihr ihn schon
am Tag vorher zubereiten. Das Öl aber gebt ihr
erst kurz vor dem Essen dazu. Schreibt ein
Zettelchen: „Öl nicht vergessen!" Das steckt
ihr mit einem Zahnstocher in den Salat.
Mit Frischhaltefolie abdecken.

● R wie Reis

Was für uns der Weizen, das ist in Asien der
Reis: ein Hauptnahrungsmittel. Mehr als die
Hälfte der Erdbevölkerung ernährt sich von
Reis. Er wird bei uns in zwei verschiedenen
Arten angeboten: Langkornreis eignet sich für
pikante Gerichte, Rundkornreis ist weicher
und schmeckt als Auflauf oder Brei, z. B. mit
Milch.
Egal, für welche Art ihr euch entscheidet:
Naturreis muß es sein! Denn der hat noch das
Silberhäutchen und den Keim, daher mehr
Vitamine, Mineralstoffe, Öl und Ballaststoffe
als geschälter und polierter Reis.
Naturreis sieht bräunlich aus und braucht ca.
40 Minuten, bis er weich ist.
Habt ihr erst einmal Naturreis probiert, wollt
ihr nie wieder anderen essen.

Rote-Bete-Salat

125 g rote Bete, 1 Apfel, 1 reife Birne
Tunke: 2 El kalt gepreßtes Sonnenblumenöl,
2 El Sahne, 1 El honiggesüßter Sanddorn, 1 Pr.
Vm-Salz, 1 Pr. Zimt
Zum Bestreuen: Sonnenblumenkerne, die ihr
in einer trockenen Pfanne rösten könnt

Und so wird er zubereitet: Für die Tunke Öl,
Sahne, Sanddorn, Vm-Salz und Zimt verschlagen. Rote Bete gründlich bürsten, vielleicht
muß sie auch dünn geschält werden. Apfel
waschen, vierteln, entkernen und zusammen
mit der roten Bete mittelfein raffeln. Birne
waschen, halbieren, Kerngehäuse entfernen
und würfeln. Alles in der Tunke vermischen.
In eine Salatschüssel geben und mit Sonnenblumenkernen bestreuen.

Sauerkraut mit Birne

250 g Sauerkraut, das nicht pasteurisiert =
erhitzt ist (gibt's im Naturkostladen oder
Reformhaus), 1 reife Birne, 1 roter Apfel, 1 El
ungeschwefelte Rosinen (können auch weg-
bleiben)

*Tunke: 1 El kalt gepreßtes Sonnenblumenöl,
1 El Sahne, eventuell etwas Zitronensaft
Zum Bestreuen: 10 Haselnüsse, die ihr auf
einem Brettchen in Scheiben schneidet*

Der Salat geht ganz fix zu machen: Das
Sauerkraut auf dem Arbeitsbrett kleinschneiden. Birne und Apfel waschen, halbieren, entkernen und in Stückchen teilen. Aus
den angegebenen Zutaten die Tunke rühren.
Alles in einer Schüssel mit 2 Gabeln mischen,
dabei das Sauerkraut etwas auseinander-
zupfen.
Die Haselnüsse darüberstreuen. Und fertig ist
ein leckerer Salat!

Spinat mit Ei

*100 g frischer Spinat, 1 Händchen voll frische
Kräuter (z. B. Schnittlauch, Kerbel, junge
Löwenzahnblättchen, Pimpinelle), 1 roter
Apfel (sieht besonders hübsch aus), 1 Zwiebel,
1 große milchsauer eingelegte Gurke
Tunke: 2 Eier, 2-3 El kalt gepreßtes Distelöl,
1 El Bioghurt, 1 Lsp. K-Salz, je 1 Pr. Pfeffer*

sowie Muskatblüte, 1-2 El von der Gurken-
flüssigkeit, ¼ Tl pflanzliche Flüssigwürze

Und so macht ihr's: Vom Spinat die groben
Stengel und eventuell die Würzelchen abtren-
nen. Zusammen mit den Kräutern waschen
und in der Salatschleuder oder im Geschirrtuch
trocknen. In ein großes Spinatblatt wickelt ihr
jeweils mehrere Blätter und Kräuter ein und
schneidet von dieser Rolle schmale Streifen ab.
Apfel waschen, halbieren, entkernen und
würfeln. Zwiebel pellen und hacken. Gurke
längs einmal durchteilen, die Hälften nebenein-
anderlegen und Streifen davon abschneiden.
Für die Tunke die Eier in einen kleinen Topf mit
siedendem Wasser geben und 5 Minuten
kochen. Auf ein Sieb schütten und mit kaltem
Wasser abspülen. Man nennt das „abschrek-
ken". Die Eier abkühlen lassen. (Einfacher
geht's im elektrischen Eierkocher.)
Inzwischen die übrigen Zutaten mit dem
Schneebesen zu einer Soße verrühren. Eier
pellen, das Köpfchen abschneiden. Eigelb mit
dem Eierlöffel herausnehmen und zur Tunke
geben. Das Eiweiß wird gehackt und über den
fertigen Salat gestreut.
Geht auch mit Kopfsalat oder Endivien.

● F wie Fette und Öle

Fette und Öle braucht ihr zum Backen und
Kochen oder für Salate. Es gibt pflanzliche und
tierische Fette.

Für Vollwertkuchen und -plätzchen nehmen
wir Butter oder ungehärtete Pflanzenmargarine. Beim Braten würde es der Butter zu heiß,
deshalb ist ungehärtetes Pflanzenfett (z. B.
Kokosfett) besser. Kalt gepreßte Öle werden
mit einer besonderen Technik hergestellt, die
die Inhaltsstoffe schont. Dieses Öl immer kühl
und dunkel lagern. Es soll nicht erhitzt werden
− im Salat eine knackig-gesunde Sache.

Ein tierisches Fett kennt ihr alle: die Butter.
Ihr streicht sie aufs Brot, aber nicht zu dick.

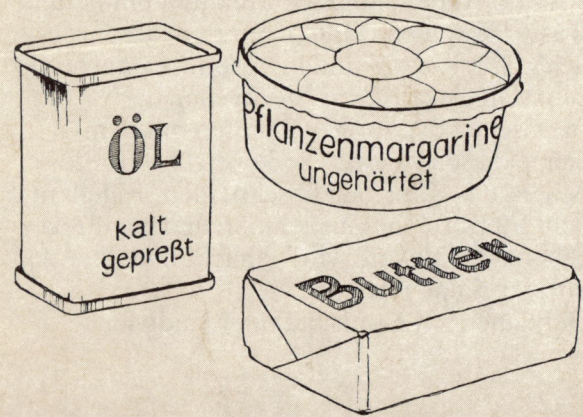

3. Wenn der Hunger groß ist:
Gemüse, Getreide, Nudeln, Kartoffen

● **E** wie Essen

Essen = Nahrungsaufnahme gehört zu den
Dingen, die ihr täglich tut. Habt ihr euch schon
mal Gedanken darüber gemacht, welche
Aufgabe die Nahrung für den Körper hat?
Sie liefert die Kraft zum Spielen und Turnen,
zum Reden und Denken, zum Atmen und
Wachsen, zum Leben überhaupt.
Der Organismus muß hart arbeiten (= Stoff-
wechsel), um die zugeführte Nahrung zu
verwerten. Ihr könnt ihm dabei helfen.
– Vor jeder Mahlzeit Frischkost (rohes
   Gemüse, Obst, Keimlinge) essen.
– Nur so viel essen, wie ihr wirklich Hunger
   habt, auch wenn es noch so gut schmeckt.
– Das Essen nicht hastig herunterschlingen.
   In Ruhe genießen!
– Die Zähne leisten Vorarbeit für den Magen,
   indem sie die Nahrung zerkleinern. Also
   gründlich kauen und gut einspeicheln.
– Zwischendurch, vor allem vor oder zu den
   Mahlzeiten, keine Süßigkeiten schlickern
   und keine zuckerreichen Getränke trinken.
– Das Richtige essen: z. B. Vollkornprodukte,
   Gemüse und Obst.

Blechkartoffeln

*Für jedes Leckermaul 2-3 gleichmäßig große
Kartoffeln, etwas Sonnenblumenöl, ungeschälter Sesam, Kümmel, eventuell 1 Zwiebel*

Und so werden sie zubereitet: Die Kartoffeln
unter fließendem Wasser ganz gründlich
bürsten, weil die Schale mitgegessen wird.
Längs halbieren. Sesam und Kümmel auf
flache Tellerchen schütten. Die Zwiebel pellen
und in Scheiben schneiden. Kartoffeln mit der
Schnittfläche in Sesam oder Kümmel tauchen,
dann nebeneinander mit der Schale nach oben
auf das mit Sonnenblumenöl gefettete
Backblech legen. Wer mag, läßt bei einigen
Kartoffelhälften Sesam oder Kümmel weg und
legt eine Scheibe Zwiebel darunter. Jetzt
Kartoffeln drei- bis viermal einritzen, mit
Sonnenblumenöl bepinseln und in den
vorgeheizten Backofen schieben. Backtempe-
ratur 200-225° C, Backzeit etwa 20 Minuten.
Die Blechkartoffeln mit der Schnittfläche nach
oben auf eine vorgewärmte Platte legen.
Dazu paßt: Gemüseturm „Power Tower"
(s. S. 35) oder Käsewürstchen im Sesam-
Mantel (s. S. 63).

Bunte Bohnen auf Kartoffelbrei

1 große Zwiebel, 30 g ungeh. Pflanzenmargarine, 100 g Möhren, 600 g grüne Bohnen (tiefgekühlt), gut ⅛ l heißes Wasser, ½ Gemüsebrühwürfel, 100 g Gouda am Stück, 1 Bund Petersilie, Pfeffer, 100 g Crème fraîche

Und so kocht ihr's: Die Zwiebel schälen und würfeln. Margarine in einem größeren Topf zerlaufen lassen, die Zwiebelwürfel darin glasig dünsten. Die Möhren gründlich bürsten oder schälen und in Scheiben schneiden. Mit Bohnen, Wasser und Brühwürfel in den Topf geben. Kurz aufkochen lassen und 10 Minuten garen. In der Zwischenzeit den Käse grob raffeln und die Petersilie hacken.
Sobald das Gemüse gar ist (probieren!), vorsichtig mit Pfeffer würzen und Crème fraîche unterrühren.
Kartoffelbrei (s. S. 52) auf Tellern anrichten, Bohnengemüse darübergeben und mit Käse und Petersilie bestreuen.

Kartoffelbrei von Pellkartoffeln

800 g Kartoffeln (von gleicher Größe), ca. 200 g frische Vollmilch, 1 geh. El Butter, knapp ¼ Tl Vm- oder K-Salz

Und los geht's: Kartoffeln gründlich bürsten und auf den Dämpfeinsatz geben (oder direkt in den Topf). Wasser einfüllen, es soll 3 cm hoch im Topf stehen. Zum Kochen bringen, Hitze zurückschalten und 20 Minuten garen, bei dicken Kartoffeln kann es etwas länger dauern. Bei dieser Garmethode muß der Topfdeckel gut schließen! Wenn die Kartoffeln gar sind, auf einen Durchschlag schütten, mit kaltem Wasser überspülen und dann pellen. Am besten klebt ihr euch auf die Innenseite der rechten Daumenkuppe ein Heftpflaster, damit ihr euch nicht verbrennt. Fragt die Mutter, ob sie ein Pellkartoffelbesteck hat, damit geht's gut.

Milch in den gespülten Kartoffeltopf geben, Butter dazu und erhitzen. Die Kartoffeln durchpressen oder zerstampfen, abschmecken und mit einem großen Schneebesen kräftig durchschlagen.

● K wie Kartoffel

Wer kennt sie nicht, die gute, preiswerte
Kartoffel!
Pellkartoffel, Salzkartoffel, Kartoffelpfann-
kuchen, Kartoffelklöße, Kartoffelchips und
vieles mehr läßt sich daraus machen.
Sie stammt aus Südamerika und kam mit den
Spaniern nach Europa. Heute gehört sie bei
uns neben Brot zu den wichtigsten Grund-
nahrungsmitteln. Sie liefert Kohlenhydrate,
Eiweiß, Vitamine und Mineralien.
Geschälte Kartoffeln, in Salzwasser gekocht,
verlieren mehr an Vitaminen und Mineralien
als gedämpfte Pellkartoffeln. Die Schale
verhindert das Ausschwemmen der Nährstoffe.
Salz braucht ihr dann auch nicht dazuzugeben,
weil die Mineralsalze der Kartoffel selbst ja
erhalten bleiben. Grüne Kartoffeln darf man
nicht essen; sie enthalten das Gift Solanin.
Keime müssen entfernt werden.
Übrigens: 100 g Pellkartoffeln haben nur
68 kcal., 100 g fertige Pommes frites aber
220 kcal.! Wer also Wert auf eine „schlanke
Linie" legt, sollte mehr Pellkartoffeln essen,
und weniger Pommes.

„Faule Weiber"-Suppe

1 l Wasser, 2 Gemüsebrühwürfel oder 2 Tl gekörnte Brühe, 1 Ei, 1 Pr. Vm-Salz, ca. 200 g Wv-Mehl, 2 Tl Butter, gehackte Petersilie

Fleißige Leute machen's so: Das Wasser zusammen mit den Brühwürfeln oder der gekörnten Brühe in einem Topf zum Kochen bringen. Das Ei mit Vm-Salz und so viel Wv-Mehl verrühren, daß ihr trockene Krümel erhaltet. Das geht am besten mit den Fingern. Wenn das Wasser sprudelt, kommen die Krümel hinein. Einmal aufkochen, Hitze zurückschalten und 10 Minuten leise kochen. Vor dem Essen die Butter in der Suppe zergehen lassen. Auf dem Teller mit viel Petersilie bestreuen.

Wollt ihr wissen, wie die Suppe zu ihrem Namen gekommen ist? Früher backten viele Leute ihr Brot noch selbst. Die Familien waren groß, also wurden zehn und mehr Brote gebraucht, die an einem Tag gebacken wurden. Dann hatten die Frauen natürlich nicht viel Zeit zum Kochen. Darum gab's diese „Faule Weiber"-Suppe, die auch wirklich schnell zu machen geht.

Gefüllte Palatschinken mit Quarksoße

Palatschinken sind dünne Pfannkuchen.
Ein Rezept für 2 Köche!

Palatschinkenteig: 250 g Weizen oder Dinkel
(fein gemahlen), 250 g Wasser, 3 Eier, 1/4 Tl
Vm-Salz, frische Vollmilch, ungeh. Kokosfett
zum Ausbacken, 1 Tl ungeh. Pflanzenmargarine
für die Auflaufform
Füllung: Marmelade oder Ahornsirup
Quarksoße: 250 g Magerquark, 125 g =
1/2 Becher Sahne, 1 El Ahornsirup, 1 Tl
Zitronensaft, 1 Lsp. Vanille, 1-2 Eigelb,
1-2 Eiklar und 1 Pr. Vm-Salz, 10-12 Haselnüsse

Das macht der erste Koch: Weizen- oder
Dinkelmehl mit Wasser anrühren, abdecken
und 30 Minuten zum Quellen beiseite stellen.
In der Zwischenzeit die Auflaufform einfetten.
Dann die ganzen Eier, Vm-Salz und so viel
Milch mit dem Handrührer einarbeiten, daß
ein dünnflüssiger Teig entsteht. Kokosfett in
der Pfanne erhitzen. Mit einer Schöpfkelle so
viel Teig in die Pfanne laufen lassen, daß die
Palatschinken nicht zu dick werden. Von einer
Seite hellbraun backen. Mit einem Pfannen-

heber den Pfannkuchen wenden; das zeigt
euch sicher eure Mutter. Wieder hellbraun
backen. Den fertigen Palatschinken laßt ihr
aus der Pfanne auf einen genügend großen
Teller gleiten, bestreicht ihn dünn mit eurer
Lieblingsmarmelade oder Ahornsirup und rollt
ihn auf. In die Auflaufform legen. So macht ihr
alle Palatschinken fertig und legt sie dicht an
dicht in die Auflaufform.

Das macht parallel dazu der zweite Koch: Für
die Soße Quark, Sahne, Eigelb und Gewürze
kräftig mit dem Handrührer verschlagen.
Rührbesen gründlich abspülen. Eiklar mit
Vm-Salz steifschlagen und mit einem Teigschaber vorsichtig unter die Quarkmasse
heben. Die Haselnüsse auf einem Brett hacken
oder in Scheibchen schneiden.
Soße über die Palatschinken gießen, Nüsse
darüberstreuen. Ofen auf 180° C vorheizen,
etwa 20 Minuten backen, bis die Soße
goldbraun ist.
Die Köche können sich in ihrer Arbeit auch
mal abwechseln.
Die Palatschinken schmecken schon prima
ohne Quarksoße, aber mit Soße und über-
backen: köstlich!

Gemüsesuppe „Grüne Minna"

50 g Grünkern, 1 l Wasser, 2 Gemüsebrühwürfel oder 2 Tl Gemüsebrühpaste, 1 Tl Butter, 2 El Wasser, 1 dünne, lange Möhre, 100 g weiße Porreestange, eventuell 1 Spritzer pflanzliche Flüssigwürze

Hier die Zubereitung: Grünkern auf einem Sieb gründlich waschen, Spelzen vorher aussortieren. Wasser mit Gemüsebrühe zum Kochen bringen, Grünkern hineingeben. Aufkochen lassen, dann den Herd auf kleinste Stufe zurückschalten. Grünkern in 30 Minuten garen (nicht zu weich!). In der Zwischenzeit laßt ihr die Butter in dem Wasser schmelzen. Porree längs halbieren und unter fließendem Wasser waschen. Auf Schmutz zwischen den Blättern achten! Auf ein Arbeitsbrett legen und in ½ cm breite Streifen schneiden. Möhre gründlich bürsten oder mit dem Sparschäler schälen, in Scheibchen teilen. Möhre und Porree in Wasser/Butter etwa 8 Minuten dünsten, dann zur Suppe geben. Eventuell mit etwas Flüssigwürze abschmecken.
Geht schnell und macht rundum satt!

Grünkern-Dinkel-Frikadellen mit Pilzrahmsoße

Schmecken viel besser als ein „Hamburger"!

*150 g Grünkern und 100 g Dinkel, ½ l Wasser,
1 Lorbeerblatt, 1 gehackte dicke Zwiebel, 1 in
Öl gepreßte Knoblauchzehe (wie's gemacht
wird, steht auf S. 19), 1 Tl gekörnte Brühe,
1 Lsp. K-Salz, 125 g vegetarische Pastete,
1 großes Ei, ¼ Tl Paprikapulver, je ½ Tl
Basilikum und Majoran (gerebelt), etwas
V-Paniermehl, ungeh. Kokosfett zum Braten
Pilzrahmsoße: 375 g frische Champignons
(wenn nicht vorhanden, 200 g kleine Champignons aus der Dose), 1 Tl Zitronensaft, 1 El
ungeh. Pflanzenmargarine und 3 El Wasser,
1 große Zwiebel, je ¼ Tl K-Salz und Pilzgewürz,
1 Pr. Pfeffer, 2 El saure Sahne oder Crème
fraîche, einige Dillspitzen oder Schnittlauch*

Und so wird's gemacht: Grünkern und Dinkel
mischen und nicht zu fein mahlen. Wasser in
einen Topf gießen, Vollkornmehl, Lorbeerblatt, Zwiebel, K-Salz und Gewürze sowie
gekörnte Brühe dazugeben. Mit einem
Holzlöffel ständig rühren, bis die Masse
aufkocht. Topf vom Herd nehmen, Deckel

darauf und ca. 20 Minuten zum Quellen
beiseite stellen. Dann vegetarische Pastete und
Ei einarbeiten, mit den restlichen Gewürzen
abschmecken. Frikadellen-Teig eventuell mit
V-Paniermehl ausgleichen; er darf aber nicht
zu fest werden. Mit feuchten Händen 8 Frikadellen formen.
Kokosfett in der Pfanne erhitzen, Temperatur
zurückschalten und die Frikadellen von beiden
Seiten goldbraun backen. Erst wenden, wenn
sich an der Unterseite eine geschlossene
hellbraune Schicht gebildet hat. Die Frikadellen warm stellen.
Für die Pilzrahmsoße die frischen Champignons unter fließendem Wasser gründlich
waschen. Vom Stiel ein Scheibchen abschneiden. Von Hand auf einem Brettchen oder mit
dem Gurkenhobel in Scheiben schneiden und
sofort mit Zitronensaft beträufeln, damit sie
nicht braun werden. Pflanzenmargarine und
Wasser in einem Topf erhitzen, Zwiebel kurz
darin andünsten. Jetzt gebt ihr die Pilze dazu
und laßt alles im geschlossenen Topf bei
niedriger Wärmezufuhr etwa 8 Minuten
dünsten. Mit den Gewürzen abschmecken.
Zum Schluß zieht ihr saure Sahne unter;
danach darf die Soße aber nicht mehr kochen.

Die Frikadellen auf einen großen Teller setzen,
die Pilzsoße darüber verteilen. Mit Dillspitzen
oder kleingeschnittenem Schnittlauch bestreuen.
Diese Pilzrahmsoße schmeckt prima zu Reis
(s. S. 42) oder Pellkartoffeln (s. S. 52).

Überbackene Frikadellen

Frikadellen (s. S. 58)
Außerdem: 8 Scheiben Tomate, 8 Scheiben
Emmentaler Käse, Curry oder Paprikagewürz,
Backpapier

Und so geht's weiter: Die gebackenen
Frikadellen auf ein mit Backpapier ausgelegtes
Backblech setzen. Zuerst eine Scheibe Tomate
und darauf eine Scheibe Käse legen. Mit einem
Hauch Curry oder Paprika bestäuben. Wer die
Gewürze nicht mag, kann sie weglassen.
Ofen vorheizen auf 200° C und die Frikadellen
so lange backen, bis der Käse zerläuft (kann
man auch im Grill machen!).
Das geht schnell und schmeckt prima!

Und weil diese Getreide-Frikadellen so lecker
sind, hier noch eine weitere Möglichkeit:

● G wie Getreide

Getreidesorten, die wichtig sind:
Dinkel ist ein Verwandter des Weizens. Er ist dem Weizen sehr ähnlich und läßt sich genauso verarbeiten.
Grünkern ist Dinkel, der im unreifen Zustand geerntet und geröstet wird.
Hafer habt ihr bestimmt schon als Haferflocken gegessen. Wer eine Getreidemühle hat, schrotet sich den Hafer frisch.
Roggen ist ein typisches Brotgetreide. Er wird vor allem mit Sauerteig verbacken.
Mais ist hier weniger bekannt. Vielleicht kennt ihr Zuckermais, der frisch vom Kolben super schmeckt. Futtermais vom Feld ist nicht zum Essen geeignet.
Hirse ist sehr vielseitig. Sie schmeckt in pikanten Gerichten ebenso gut wie in süßen Aufläufen oder Cremes.
Gerste gibt es schon seit der Steinzeit. Wir verwenden sie heute vor allem zum Bierbrauen.
Buchweizen ist kein Getreide, sondern ein Knöterichgewächs. Wir verwenden ihn in der Vollwertküche aber ähnlich wie Getreide, z. B. für Pfannkuchen.

Frikadellen „Hawaii"

Frikadellen (s. S. 58) von 250 g Grünkern (ohne Dinkel)
Außerdem: 8 Scheiben frische Ananas (wie ihr sie zurechtmacht, steht auf S. 43), 1 El Butter, 1 große, in Scheiben geschnittene Banane, 100 g grob geraffelter Gouda-Käse

So geht's: Nach dem Braten der Frikadellen säubert ihr die Pfanne mit Küchenkrepp und laßt die Butter darin zerlaufen. Jetzt die Ananasscheiben von beiden Seiten 2-3 Minuten erwärmen. Frikadellen auf die Scheiben setzen. Dann die Bananenscheibchen darauf verteilen und den Käse darüberstreuen. Deckel darauf, und in einigen Minuten sind die Getreide-Frikadellen „Hawaii" fertig.
Diese Frikadellen schmecken heiß, aber auch kalt. Ihr könnt sie für eine Party gut vorbereiten. Eure Freunde werden begeistert sein!

Frikadellen in Mini-Baguettes

Wollt ihr Mini-Baguettes (s. S. 110) für eure Fete machen, könnt ihr sie mit je 2 oval geformten kleinen Grünkern-Frikadellen und einigen Salatblättern, Gurken-, Tomaten- oder Eischeiben füllen.

Käsewürstchen im Sesam-Mantel

Eine tolle Überraschung, auch für eine Fete!

Pro Person 1 Soja-Grillwürstchen (manche mögen auch 2!), pro Würstchen 1 Streifen Gouda (je 1 cm breit und hoch und so lang wie das Würstchen), 1 Ei, ungeschälter Sesam, Zahnstocher zum Zusammenhalten der Würstchen, ungeh. Kokosfett zum Braten

Und so macht ihr's: Die Würstchen aus dem Glas nehmen, mit Küchenkrepp trocken tupfen, längs 1 cm tief einschneiden. Die Käsestreifen in den Schlitz stecken, mit halben Zahnstochern zusammenhalten. Ei auf einem Teller mit der Gabel aufschlagen, Sesam auf einen zweiten Teller streuen. Die gefüllten Würstchen zunächst in Ei, dann in Sesam rollen. Kokosfett in einer Pfanne erhitzen, die Würstchen rundherum vorsichtig darin braten.

● L wie Linsen

Linsen, Bohnen, Erbsen, Sojabohnen – sie
alle gehören zur Familie der Hülsenfrüchte.
Ihr Gehalt an Protein (= Eiweiß) ist enorm
hoch. Sie enthalten beachtliche Mengen an
Vitaminen und anderen wichtigen Inhalts-
stoffen.
Obwohl die Hülsenfrüchte so gesund sind,
verwenden wir sie nicht oft. Das ist schade.
Also, wie wär's morgen mit Linsensuppe?

Linsensuppe mit Dörrobst

*250 g Linsen, 1 l Wasser, 2 Tl gekörnte Brühe,
1 Lorbeerblatt, 2 kleine Gewürznelken,
ca. 10 getrocknete Apfelringe, ca. 15 Backpflaumen ohne Stein, 1 geh. El feines Wv-Mehl, 1 El
Obstessig*

So wird sie gekocht: Linsen auf einem Sieb
gründlich waschen und dann über Nacht in
einem Topf mit dem Wasser einweichen. Am
nächsten Tag mit gekörnter Brühe, Lorbeerblatt, Nelken und Apfelringen zum Kochen
bringen. 20 Minuten leise köcheln lassen.
Backpflaumen dazugeben und noch weitere
10 Minuten garen.

Wv-Mehl mit 3 El Wasser anrühren und in die Suppe einlaufen lassen. Kurz aufkochen, von der Herdplatte nehmen. Zum Schluß mit Obstessig abschmecken.
Besonders interessant wird die Suppe mit kleinen roten Linsen.

Möhreneintopf

750 g gleichmäßig große Kartoffeln, 500 g frische Möhren, 2 Äpfel, 50 g Butter, ¼-½ Tl Vm-Salz, kleingeschnittene Petersilie oder Schnittlauchröllchen

Der Eintopf geht ganz schnell zu machen: Die Kartoffeln gründlich bürsten und mit ¼ l Wasser zum Kochen bringen. Je nach Größe und Sorte der Kartoffeln 20-30 Minuten garen. Aufpassen, das Wasser darf nicht verkochen! Es passiert schnell, wenn der Topfdeckel nicht gut schließt.
Möhren gründlich bürsten oder mit dem Sparschäler schälen. Auf einem Arbeitsbrett in ½ cm dicke Scheiben schneiden. Eine Tasse Wasser in einen nicht zu großen Topf gießen. Möhren auf den Dämpfeinsatz geben. Von den Äpfeln Stiel und Blüte entfernen, mit dem

Apfelentkerner das Kerngehäuse herausholen.
Äpfel auf die Möhrenscheiben legen. Einsatz
in den Topf stellen.
Wasser zum Kochen bringen. Temperatur
zurückschalten und ca. 15 Minuten garen. Die
Möhren sollen nicht zu weich sein, sondern
noch „Biß" haben.
Die Kartoffeln auf ein Sieb schütten, pellen.
Butter in einem Topf zerlassen, die Kartoffeln
dazugeben und zerstampfen. Möhren mit dem
Garwasser zu den Kartoffeln geben, aber nicht
zermusen. Mit Vm-Salz abschmecken, mit
Petersilie oder Schnittlauch bestreuen.

Möhren-Vollkorn-Blinis

„Blinis" kommt aus dem Russischen und
bedeutet „kleine Pfannkuchen".

*500 g Möhren, 100 g feines Wv-Mehl, Wasser
nach Bedarf, 1 Tl Zitronensaft, 3 ganze Eier, je
¼ Tl Vm-Salz und K-Salz, 1 Lsp. Pfeffer,
ungeh. Pflanzenfett zum Backen, ½ Bund
Petersilie*

Und so könnt ihr's anfangen: Möhren
gründlich bürsten und nicht zu fein raffeln.
Sofort mit Wv-Mehl, Wasser, Zitronensaft und

Eiern verrühren. Würzen und abschmecken.
15 Minuten zugedeckt quellen lassen. Eventuell noch etwas Wasser dazugeben, denn der
Teig muß fast flüssig sein. Pflanzenfett in der
Pfanne erhitzen. Mit einem Löffel so viel Teig
einfüllen, daß die Blinis beim Auseinander-
streichen ca. 8 cm Durchmesser haben. Nach
2-3 „Probe-Blinis" habt ihr das schnell heraus.
Pfannkuchen von beiden Seiten bei mittlerer
Hitze kroß backen.
In einen Topf gebt ihr ¼ l heißes Wasser und
stellt einen großen flachen Teller für die Blinis
darauf. So bleiben sie länger warm.
Petersilie waschen, trocknen und kleinhacken,
bei Tisch über die Blinis streuen.

Ofen-Pommes

8-10 große Kartoffeln, 3-4 El kalt gepreßtes Öl,
eventuell etwas Vm-Salz oder K-Salz

Und so werden sie gebacken: Kartoffeln
waschen und mit dem Sparschäler dünn
schälen. Augen oder Keime entfernen.
Mit dem Pommesschneider zerteilen.
Oder: Kartoffeln längs in knapp 1 cm dicke
Scheiben schneiden und diese dann quer in
1 cm breite Streifen. Backblech reichlich
einölen, Pommes gleichmäßig verteilen.
Ofen auf ca. 200° C vorheizen. Backzeit
25-30 Minuten, je nach Kartoffelsorte.
Pommes mit dem Pfannenwender vom Blech
nehmen. Eventuell Salz darüberstreuen.
Was ihr dazu essen könnt?
Tomatensoße (s. S. 75) oder Tsatsiki (s. S. 72)
oder Käsewürstchen im Sesam-Mantel (s. S. 63).

Pflaumensuppe mit Schneenockerln

600 g Pflaumen (frisch oder tiefgefroren),
1 l Wasser, 1 El Sago, 2 reife Pfirsiche oder
Nektarinen, 2 Lsp. Zimt, Birnendicksaft,
Ahornsirup oder Honig nach Geschmack,
1 Eiklar, 1 Pr. Vm-Salz

Und so wird's gemacht: Pflaumen waschen, halbieren, entkernen und kleinschneiden. Dann zusammen mit Wasser und Sago aufkochen. So lange bei niedriger Wärmezufuhr quellen lassen, bis die Sagokörnchen „durchsichtig" geworden sind: Sie wurden früher „Fischaugen" genannt.
Pfirsiche oder Nektarinen waschen, halbieren, den Stein entfernen und in Würfel schneiden, dann zur Suppe geben. Mit Zimt und Süßungsmittel abschmecken. Eiklar und Vm-Salz auf einem Teller mit der Gabel steifschlagen. Teelöffelweise als Kleckse auf der Suppe verteilen. Deckel auf den Topf legen und 3-4 Minuten ziehen lassen. Warm oder kalt — ein Genuß!

„Silber"-Kartoffeln

4 sehr große Kartoffeln, Alufolie

So werden sie gebacken: Backofen auf 200° C vorheizen. Kartoffeln waschen und sauberbürsten. In Alufolie wickeln und 50-60 Minuten backen. Sie sind gar, wenn sie auf Fingerdruck nachgeben.
Alufolie oben kreuzweise einschneiden und auseinanderfalten. Kartoffeln auch einritzen, auseinanderdrücken und auslöffeln.

Pizza

Jeder darf seine Pizza selbst belegen.

Teig: 300 g feines Wv-Mehl, 2 Tl Backpulver, 2 Lsp. Vm-Salz, 250 g Quark, 200 g Butter, Backpapier
Belag: 1-2 Paprikaschoten, 1 große Zwiebel, ca. 150 g Zuckermais, 3-4 Tomaten, eventuell 1 kleine Dose Champignons, 100 g Gouda am Stück, 4 Tl Tomatenmark, Pizza-Gewürz

Und so macht's Spaß: Wv-Mehl in einer Schüssel mit Backpulver und Vm-Salz mischen. Quark und Butter in Würfeln darübergeben und schnell zu einem Teig verkneten. Abdecken und 15 Minuten kühl stellen.
In der Zwischenzeit bereitet ihr den Belag vor. Je nach Jahreszeit, Lust und Laune könnt ihr die Zutaten variieren, pro Pizza sind 150-200 g Belag notwendig.
Beispiel: Paprika waschen, halbieren, Trennwände und Kerne entfernen, dann würfeln. Zwiebel schälen, durchteilen und halbe Ringe abschneiden. Tomaten waschen, Blüte entfernen und in Scheiben teilen. Champignonwasser abgießen, Pilze zerklei-

nern. Gouda auf einer Gemüseraffel grob
hobeln.
Nun das Blech mit Backpapier auslegen.
Teig in 4 gleich große Stücke teilen. Mit der
Kuchenrolle kreisrund ausrollen. Einen Teller
(Durchmesser ca. 18 cm) verkehrt herum auf
den Teig legen, überstehende Ränder abrädeln.
Reste jeweils zum nächsten Stück dazukneten
bzw. als Garnitur verwenden.
Pizzen aufs Blech legen. Mit Tomatenmark
bestreichen und mit Pizza-Gewürz bestreuen.
Ab jetzt gibt's keine Vorschriften mehr! Jeder
belegt seine Pizza so, wie er mag. Ein Gesicht
z. B. sieht sehr lustig aus.
Backzeit: 20-30 Minuten (Ofen vorheizen).

Tsatsiki

Griechisch essen ist in!

*1 schlanke Gurke (ca. 300 g schwer), 3-4 Knob-
lauchzehen (keinen Schrecken bekommen!),
1 El kalt gepreßtes Öl, 150 g Sahnejoghurt oder
Doppelrahm-Frischkäse, 150 g Crème fraîche
mit Kräutern, 1 Tl Zitronensaft, eventuell
K-Salz, Pfeffer nach Geschmack
Zum Bestreuen: einige Pfefferminzblättchen
(wenn ihr habt) oder Kerbelblättchen*

Das ist schnell getan: Gurke waschen, Blüte
und Stiel entfernen. Dann könnt ihr sie von
Hand oder mit der elektrischen Raffel fein
raspeln. Die Knoblauchzehen pellen und
durch die Knoblauchpresse in etwas Öl
drücken, verrühren, einige Minuten ziehen
lassen. Die übrigen Zutaten zu einer cremigen
Masse verarbeiten, Gurke und Knoblauch
unterheben.
Abschmecken, und fertig ist der „Griechische
Tsatsiki"! Wer mag, kann Kräuter darüberstreuen, wie oben angegeben.
Zu „Silber"-Kartoffeln (s. S. 69), Brötchen
oder Brot).

Vollkorn-Kaiserschmarrn

*6 Eier, 1 Lsp. Vm-Salz, 30-40 g Ahornsirup,
150 g Milch (eventuell etwas mehr), 160 g feines
Wv-Mehl, 2 El ungeh. Pflanzenmargarine für
die Pfanne*

Und so wird's gemacht: Eier trennen. Eiklar
und Vm-Salz steifschlagen. Eigelb mit
Ahornsirup, Milch, Wv-Mehl verrühren, dann
mit dem Teigschaber den Eischnee unterheben.
Die Hälfte der Margarine in einer Pfanne
erhitzen, Schmarrnteig eingießen und
anbacken.
Nach ca. 5 Minuten wenden. Mit 2 Gabeln
oder Löffeln in kleine Stücke zerreißen.
Zweite Hälfte Margarine zufügen. Noch ca.
3 Minuten backen lassen.
Dazu schmeckt ein heißer Marmeladen-Apfel
(s. S. 78).

Vollkorn-Nudelauflauf
mit Lauch/Porree oder Spinat

*200 g Vollkornnudeln (Spiralen, Makkaroni
oder Hörnchen), 1 l Wasser, ½ Gemüsebrühwürfel, 1 Tl Öl, 2 Stangen Lauch/Porree oder
500 g frischer oder 300 g tiefgefrorener*

*Blattspinat, ungeh. Pflanzenmargarine zum
Dünsten und für die Auflaufform
Belag: 4-5 Eier, ⅜ l Vollmilch, je ¼ Tl Vm-Salz,
K-Salz, gekörnte Brühe und Muskatblüte, 2 Pr.
Pfeffer, 1 Pr. Paprikapulver, 150 g geriebener
Emmentaler Käse, 350 g Tomaten*

Macht 2 Köchen großen Spaß: Vollkornnudeln
kochen, wie bei Vollkorn-Spaghetti beschrieben (s. S. 75). Nicht zu weich werden lassen.
Auf ein Sieb gießen, kalt abspülen. Lauch oder
Spinat waschen. Lauch in Streifen schneiden,
große Spinatblätter zerzupfen, grobe Stiele
entfernen. Pflanzenmargarine in der Pfanne
zerlassen, Lauch oder Spinat 5 Minuten darin
dünsten. Alles miteinander mischen und in
eine gefettete Auflaufform füllen. Eier mit
Milch und Gewürzen kräftig verschlagen, die
Hälfte der Käsemenge untermischen und diese
Masse auf den Auflauf gießen. Tomaten
waschen, in Scheiben schneiden und darauf
verteilen. Restlichen Käse darüberstreuen.
Backzeit im vorgeheizten Ofen 30-40 Minuten
bei 200° C. Die Auflaufform sollte nicht zu
klein sein, sonst besser 2 Formen nehmen.
Wenn die Nudel-/Eimasse zu hoch eingefüllt
wird, muß der Auflauf zu lange backen.

Vollkorn-Spaghetti mit Tomatensoße

*250 g Vollkorn-Spaghetti, 1 l Wasser, ½ Tl
gekörnte Brühe, 1 Tl Öl (damit die Spaghetti
nicht aneinanderkleben)
Tomatensoße: 200 g Zwiebeln, 1 Apfel, 1 El
ungeh. Pflanzenmargarine, 300 g Tomatenmark, ½ l Wasser, ½ Tl gekörnte Brühe,
1-2 Knoblauchzehen, ¼ Tl Rosmarin, ½ Tl
Basilikum, 1 Pr. Thymian, 2 Pr. Pfeffer, 1 Tl
Honig, 2 El saure Sahne*

Genauso lecker wie schnell: Das Nudelwasser
aufsetzen, wenn ihr mit der Soße beginnt.
Wasser mit gekörnter Brühe und Öl zum
Kochen bringen. Nudeln hineingeben und auf
niedriger Stufe 5-7 Minuten leise kochen, ohne
Topfdeckel. Restliches Wasser abgießen. Die
Zwiebeln schälen und würfeln. Den Apfel
waschen, halbieren, Kerngehäuse entfernen
und ebenfalls in Würfel schneiden. Margarine
in einem Topf erhitzen, Zwiebel und Apfel
darin glasig dünsten. Tomatenmark dazugeben,
danach das heiße Wasser und die gekörnte
Brühe. Aufkochen lassen. Knoblauch schälen,
durchpressen (s. S. 19) und mit allen Gewürzen
unterrühren. Die Soße mit dem Mixstab pürieren, Honig und saure Sahne zugeben – fertig!

4. Lauter gute Sachen für hinterher

Erdbeer-Bananen-Eis

1 Ei, 1 Pr. Vm-Salz, Honig oder Ahornsirup
nach Geschmack, ¼ l Sahne, 1 Lsp. Vanille,
500 g frische oder tiefgefrorene Erdbeeren,
1 große Banane
Garnitur: geröstete Mandelblättchen, einige
schöne Beeren

So einfach geht's: Ei trennen und das Eiklar
mit Vm-Salz steifschlagen. Eigelb mit Honig
und Vanille in einer anderen Schüssel cremig
rühren. Sahne steifschlagen. Frische Erdbeeren waschen, Blüte entfernen.
Tiefgefrorene Früchte auftauen. Zusammen
mit der Banane zerdrücken. Dazu nehmt ihr
eine Gabel. Alles vorsichtig miteinander
vermischen. In eine Gefrierdose füllen. Einige
Stunden müßt ihr schon warten, bis das Eis fest
geworden ist.
Eis in Schälchen füllen und mit Mandelblättchen und Erdbeeren garnieren.
Süßungsmittel verlieren durch das Tiefgefrieren an Geschmack. Das solltet ihr beim
Abschmecken berücksichtigen. Ferner richtet

sich die Honig- oder Ahornsirupmenge nach dem Fruchtzuckergehalt der Früchte, die ihr aussucht.

● **Z wie Zucker**

Zucker ist der Feind eurer Zähne und eurer Gesundheit. Er macht nicht wirklich satt, und der Hunger kommt rasch zurück. Dadurch ißt man zuviel und wird dick.
Zucker frißt Löcher in die Zähne und führt zu Karies. Klebrige Bonbons sind besonders schlimm.
Ohne Zucker lebt ihr gesünder. Verbannt den Zucker und zuckerhaltige Sachen aus der Küche. Dann habt ihr Platz für Honig, Ahornsirup, Birnen- oder Apfeldicksaft, die auch süßen. Aber: sparsam damit umgehen!

Heißer Marmeladen-Apfel

4 mittelgroße Äpfel (z. B. Boskop, Berlepsch),
4 Tl von eurer Lieblingsmarmelade (ohne
Zuckerzusatz), 1 El Sonnenblumenkerne,
½ Tasse Wasser oder Apfelsaft ohne Zucker, 1 Tl
Butter, einige Tropfen Zitronensaft, 4 El
Schlagsahne oder Crème fraîche

Und so bereitet ihr ihn zu: Äpfel gründlich
waschen, nicht schälen. Stiele herausdrehen
oder abschneiden. Kerngehäuse mit einem
Kugelbohrer aushöhlen und Marmelade und
Sonnenblumenkerne einfüllen. Der Topf für
die Äpfel sollte so groß sein, daß diese
nebeneinander Platz auf dem Boden haben.
Wasser/Apfelsaft, Butter und Zitronensaft
dazugeben und zum Kochen bringen. Auf
niedrigste Temperatur zurückschalten. Die
Äpfel 6-8 Minuten köcheln lassen, sie dürfen
nicht auseinanderfallen. Mit dem Pfannen-
heber auf Dessertteller setzen und Schlagsahne
oder Crème fraîche darüber verteilen.
Den Saft könnt ihr warm oder kalt trinken. Er
schmeckt köstlich!

● A wie Apfel

Apfelkuchen, Apfelsaft, Apfelmus, Bratapfel
— das sind nur einige Beispiele dafür, wie
vielseitig der Apfel eingesetzt werden kann.
Äpfel gründlich waschen, nicht schälen.
Frisch = roh gegessen ist er am gesündesten,
da alle Vitamine vollständig erhalten bleiben.
Nicht alle Apfelsorten sind, was Vitamingehalt
und Geschmack angeht, gleich wertvoll. Zwei
der bekanntesten Sorten, nämlich Granny
Smith und Golden Delicious, enthalten viel
weniger Vitamin C als Boskop oder Berlepsch.
Manche Äpfel schmecken süß, andere würzig
oder sauer. Es gibt Sommer-, Herbst- und
Wintersorten. Viele Äpfel kommen aus dem
Ausland zu uns, so daß wir das ganze Jahr über
versorgt sind mit den verschiedensten Sorten.
Vielleicht erkundigt ihr euch mal nach
einheimischen Äpfeln?

Hirsecreme „Marmoretta"

50 g feingemahlene Hirse, ¼ l Wasser, 40 g geschälte Mandeln, ⅛ l Sahne, Honig nach Geschmack, 1 Pr. Vm-Salz, 1 geh. Tl Carob oder Kakao, 1 El Sahne, ½ Tl Honig

Das geht schnell und schmeckt: Hirse mit dem Schneebesen in das lauwarme Wasser einrühren, dann weiterrühren, bis sie aufkocht. Topf vom Herd nehmen, Deckel daraufsetzen und die Hirse 10 Minuten quellen lassen. Inzwischen die Mandeln fein mahlen und die Sahne steifschlagen. Beides mit Honig und Vm-Salz unter die Hirse heben. ¾ dieser Masse auf 4 Schälchen verteilen. Unter die restliche Hirsecreme Carob oder Kakao, Sahne und Honig ziehen. Je einen Klecks auf die Schälchen geben und mit einer Gabel Wellen oder Kreise ziehen.

Pudding „Lachender Clown"

¼ l Milch, ½ Tl Agar-Agar, 1 Tl Kakao oder Carob, je 1 Lsp. Zimt, Vanille, Instant-Kaffeepulver, 1 El Haselnußmus oder Mandelmus, 1-2 Tl Honig, ⅛ l geschlagene Sahne, einige Rosinen, 2 El gehackte Haselnüsse

Bringt gute Laune bei der Arbeit: Milch, Agar-Agar, Kakao, Gewürze, Mus und Honig zusammen in einen nicht zu großen Topf geben. Ständig rühren beim Erhitzen, aber nicht kochen. Der Pudding ist fertig, wenn ein Teelöffel davon auf einem Tellerchen fest wird. Dann den Topf vom Herd nehmen. Pudding sofort in Glasschälchen füllen.

Nach dem Erkalten mit Schlagsahne, Rosinen und gehackten Nüssen ein lachendes Gesicht „malen". Dazu die Sahne in einen Spritzbeutel mit Sterntülle füllen und Mund, Nase sowie Augen auf den Pudding spritzen. Rosinen als Augen auf die Sahnetupfer legen und Nüsse als Haare verwenden.

Spielereien auf Birne

2 große Birnen, 1 Tl Zitronensaft, 100 g Doppelrahm-Frischkäse, 1 El Sahne, 1 Lsp. Vanille, 50 g Kokosraspeln oder geröstete gehackte Mandeln
Zum Garnieren: farbiges Obst, verschiedene Nüsse, Kürbiskerne, Rosinen oder Korinthen, Sonnenblumenkerne, Datteln o. a.

Das Spiel kann beginnen: Die Birnen waschen
und vom Stiel zur Blüte durchteilen. Von der
Mitte je eine schöne Scheibe abschneiden und
mit Zitronensaft bepinseln. Die Reste
wandern am besten gleich in den Mund.
Frischkäse, Sahne und Vanille zu einer Creme
verrühren. Mit einem Messer die Scheiben auf
der größeren Seite damit bestreichen. Kokosraspeln oder Mandeln auf einen flachen Teller
geben und die Scheiben mit der Creme-Seite
eintauchen. Jetzt kann's mit dem Garnieren
losgehen. Eurer Phantasie sind dabei keine
Grenzen gesetzt. Damit ihr in Schwung
kommt, hier ein paar Vorschläge.

1. Weintrauben halbieren, Kerne entfernen,
dann in schmale Streifen schneiden. Die
Streifen kreisförmig auf die Birnenscheibe
legen, so daß es wie eine Palme aussieht. Den
Stamm könnt ihr mit Dattelstreifen oder
Rosinen legen.

2. Grüne Kürbiskerne oder Sonnenblumen-
kerne mit der Spitze nach unten an den
Birnenrand stecken. Das sieht aus wie ein
Gartenzaun. Die Mitte könnt ihr mit einer
Blüte aus halbierten Haselnüssen und/oder

einer Erdbeere, Himbeere, Kirsche oder anderem Obst verzieren.

Wenn ihr dieses Rezept entsprechend vorbereitet, kann bei eurer Geburtstagsfeier jeder Gast seine Obstscheibe selbst garnieren. Das macht Laune!

Vanille-Eis mit heißer Fruchtsoße

¼ l Sahne, 50 g geschmacksneutraler Honig,
1 Eigelb, 2 Lsp. Vanille (eventuell mehr)
Fruchtsoße: 400 g frische Erdbeeren oder
Himbeeren, 1 Lsp. Vanille, 1-2 El Ahornsirup

So macht ihr's: Sahne in eine hohe Schüssel
geben und mit dem Handrührgerät fast steif
schlagen. Honig, Eigelb und Vanille langsam
unterrühren. Die Masse in ein Tiefkühlgefäß
füllen und ins Gefrierfach stellen.
Jetzt die Fruchtsoße herstellen.
Früchte erhitzen, aber nicht kochen. Mit
Vanille und Ahornsirup abschmecken und
pürieren. Wenn ihr keine frischen Beeren zur
Verfügung habt: es gibt sie tiefgefroren zu
kaufen.
Eine Viertelstunde vor dem Essen solltet ihr
das Eis aus dem Gefrierfach nehmen und leicht
angetaut servieren. So schmeckt es am
allerbesten! Das Eis portionsweise auf
Tellerchen geben und die heiße Fruchtsoße
darübergießen.

Schichtquark „Schneewittchen"

500 g Quark, 80 g cremiger Honig, 200 g Milch,
Für den Zitronenquark: 1 Tl Zitronensaft
Für den roten Quark: 150 g Erd- oder Him-
beeren, 1 Lsp. Vanille
Für den Schokoladenquark: ½ Tl Kakao,
1 Tl Honig, 1 Lsp. Zimt

Los geht's: Quark, Honig und Milch glattrühren. Diese Masse auf 3 Schüsseln verteilen:
„Weiß wie Schnee": Mit Zitronensaft verrühren. „Rot wie Blut": Mit der Gabel
zerdrückte Erd- oder Himbeeren und Vanille
unterheben. 4 Beeren für die Garnitur
zurücklassen.

„Schwarz wie Ebenholz": Kakao, Honig und
Zimt unterrühren. Nacheinander in 4 Gläser
schichten. Mit je einer Beere verzieren.

● M wie Milch

Zum Trinken gibt's Vollmilch, Buttermilch,
Kefir oder Schwedenmilch, zum Löffeln
Bioghurt, Dickmilch oder Quark. Und fürs
Brot habt ihr die Auswahl zwischen sehr vielen
leckeren Käsesorten wie Frischkäse, Schnitt-
käse, Sauermilchkäse.
Dabei wird alles aus nur einem einzigen
Grundstoff hergestellt: aus frischer Kuhmilch.
Toll, was? Zum Trinken ist rohe Vorzugsmilch
wertvoller als pasteurisierte Vollmilch.
H-Milch solltet ihr nicht kaufen. Milch ist kein
Durstlöscher, deshalb nicht mehr als ½ l am Tag
trinken. Betrachtet beim Einkaufen die
Verpackung der Milchprodukte, es soll
daraufstehen „Ohne Konservierungsstoffe"
und/oder „Ohne Verdickungsmittel".
In den Rezepten verwenden wir Bioghurt, das
ist Joghurt mit rechtsdrehender Milchsäure.
Auf dem Becher steht „L+".

Wackelpudding „Schmutkebulli"

300 g ungesüßter Kirschsaft, 200 g Mineralwasser, Honig nach Geschmack, 1 Lsp. Vanille, 1 Tl Agar-Agar, 3 Clementinen oder einige Bananenscheiben

So wird er richtig wackelig: Saft, Wasser, Honig, Vanille und Agar-Agar in einen Topf geben und mit dem Schneebesen gut verrühren. Heiß werden lassen, aber nicht kochen. Clementinen waschen und pellen. 4 Nachtischschälchen mit kaltem Wasser ausspülen. Clementinenspalten oder Bananenscheiben auf dem Boden arrangieren. Heiße Flüssigkeit vorsichtig darübergießen, damit das Obst am Boden liegen bleibt. Eine Stunde in den Kühlschrank stellen. Vor dem Servieren auf ein Tellerchen stürzen.
Garnitur: Euch fällt bestimmt was ein!

Warum ausgerechnet „Schmutkebulli"? Als ich noch sehr klein war, konnte ich das Wort „Pudding" noch nicht richtig aussprechen. Es kam nur so etwas wie „bulli" heraus. Und weil ich mich einmal so richtig mit Wackelpudding bekleckert (= schmutzig = „schmutke") hatte, hieß der Wackelpudding von da an „Schmutkebulli".

5. Es duftet nach Brötchen, Kuchen, Waffeln

● H wie Honig

Honig haben wir fleißigen Bienen zu ver-
danken. Er ist ein Naturprodukt mit unter-
schiedlicher Beschaffenheit. Ihr habt die
Auswahl zwischen flüssigem, cremigem oder
festem Honig.
Die Bienen naschen von vielen Blüten.
Folglich gibt es Wiesenblütenhonig, Rapshonig, Waldhonig, Kleehonig u. a.
Honig besteht zu einem sehr großen Teil aus
Zucker, süßt aber stärker. Ihr braucht also
weniger davon.
Honig klebt an den Zähnen, wenn man ihn
„pur" ißt. In Süßspeisen und Kuchen greift er
die Zähne nicht so stark an. Trotzdem gilt:
Nach jedem Essen das Zähneputzen nicht
vergessen!

Amerikaner „black and white"

100 g weiche Butter, 120 g Honig, 1 Pr. Vm-Salz, 2 Eier, 1 P. Vanillepuddingpulver (natur), 3 El Milch, 250 g feines Wv-Mehl, 3 Tl Backpulver, ungeh. Pflanzenmargarine fürs Blech

Und so macht ihr's: Butter, Honig und Vm-Salz mit dem Handrührgerät gut schaumig rühren. Nacheinander die Eier dazugeben. Puddingpulver mit der Milch anrühren und unter die Masse schlagen. Wv-Mehl und Backpulver mischen, nach und nach einarbeiten. Der Teig soll ziemlich fest sein.
Blech mit der Pflanzenmargarine bepinseln. Mit 2 Eßlöffeln, die zwischendurch in Wasser getaucht werden, setzt ihr 20 Häufchen in größerem Abstand aufs Blech. Sie laufen auseinander.
Ofen auf 180° C vorheizen. 15-20 Minuten backen. Auf dem Kuchengitter auskühlen lassen.

Amerikaner „black"

50 g mit Honig gesüßte Schokolade oder Carob-Schokolade, 20 g Kokosfett = knapp 1 Würfelchen

Ihr braucht einen Topf und einen hitzebeständi-
gen Becher, der in den Topf paßt. In den
Becher bröckelt ihr die Schokolade, gebt das
Kokosfett dazu und stellt ihn in den Topf. Nur
so viel warmes Wasser in den Topf geben, daß
der Becher nicht zu schwimmen anfängt oder
gar umkippt. Bei mittlerer Hitze das Wasser
weiter erwärmen, bis sich Schokolade und
Kokosfett verbunden haben. Diese Glasur mit
einem Pinsel auf die flache Seite der Amerikaner streichen. Es dauert eine Weile, bis der
Guß fest ist.

Amerikaner „white"

Streichfähiger Honig, feine Kokosraspeln

Amerikaner auf der Unterseite hauchdünn mit
Honig bestreichen und Kokosraspeln ganz
dicht daraufstreuen.

Apfel-Streusel-Kuchen

*Rührteig: 150 g Butter, 80 g Honig, 2 Eier, 1 Pr.
Vm-Salz, 250 g feines Wv-Mehl, 2 Tl Back-
pulver, 2-3 El Milch, ungeh. Pflanzenmargarine
und V-Paniermehl für die Form*
*Füllung: 700 g Äpfel, 50 g ungeschwefelte
Rosinen oder Korinthen*
*Streusel: 150 g feines Wv-Mehl, 80 g gehackte
Mandeln, 80 g Butter, 80 g Honig*

Mit dem Rührteig geht's los: Weiche Butter
und Honig mit dem elektrischen Handrührer in
8 Minuten schaumig schlagen. Eier und
Vm-Salz dazugeben, weiterrühren, bis eine
schaumige Creme entstanden ist. Wv-Mehl
und Backpulver mischen und abwechselnd mit
der Milch in den Teig einarbeiten. Eine
Springform einfetten und mit V-Paniermehl
ausstreuen. Den Teig darin verteilen, glattstreichen.
Für die Füllung Äpfel waschen, schälen,
vierteln und Kerngehäuse entfernen. Apfel-
stücke nochmals halbieren und mit dem
Rücken nach oben auf den Teig legen.
Rosinen/Korinthen darüberstreuen.
Für die Streusel Wv-Mehl und die übrigen
Zutaten mischen, mit den Händen zerreiben.

Über die Äpfel streuen.
Den Ofen auf 180° C vorheizen. Kuchen auf die
zweite Schiene von unten schieben.
40-50 Minuten backen. Auf ein Gitter stellen,
10 Minuten abkühlen lassen. Den Rand mit
einem Messer lösen und abnehmen. Den
Kuchen erst nach dem völligen Erkalten auf
eine Platte setzen.
Dazu schmeckt gut Schlagsahne mit etwas
Vanille oder Zimt.

● W wie Weizen

Weizen ist unser wichtigstes Getreide. Schon
seit Jahrtausenden backen die Menschen Brot
davon. Der besondere Wert des Getreidekorns
beruht auf den vielen wichtigen Nährstoffen,
die in ihm stecken.
Mit dem bloßen Auge sieht das Korn ganz
einheitlich aus, unter dem Mikroskop sind
aber verschiedene kleine Kammern zu
erkennen.
Die Fruchtschale ist das, was ihr von außen
seht. Sie schützt das Getreidekorn vor
Verletzungen und liefert dem Menschen die
wichtigen Ballaststoffe.

Die Samenschale und die Aleuronschicht, die
unter der Fruchtschale verborgen sind,
versorgen uns mit Eiweiß, Fett, Vitaminen und
Mineralstoffen.
Der Keimling macht nur einen winzigen Teil
des Korns aus und ist sehr fetthaltig.
Der Mehlkörper füllt das Korn aus. Weißes
Auszugsmehl besteht nur aus diesem Mehlkörper, alle anderen wichtigen Teile sind
entfernt worden (s. auch S. 12).

Bananenkuchen

*150 g Butter, 100 g Honig, 4 Eier, 250 g feines
Wv-Mehl, 1½ Tl Backpulver, 1 Pr. Vm-Salz,
je 1 Lsp. Vanille, gem. Ingwer und Zimt,
Abgeriebenes von ½ unbehandelten Zitrone,
4 kleine Bananen, 1 Tl Zitronensaft, 50 g
gehackte Mandeln, ungeh. Pflanzenmargarine
und V-Paniermehl für die Form*

Und so geht's am besten: Butter und Honig mit
dem Handrührgerät ca. 6 Minuten schaumig
rühren. Die Eier nach und nach dazugeben,
einige Minuten weiterrühren. Wv-Mehl,
Backpulver und Gewürze mischen, unter den
Teig heben. Die Springform gut einfetten und
mit V-Paniermehl ausstreuen. Teig einfüllen,

glattstreichen. Die Bananen schälen, längs halbieren, mit Zitronensaft bepinseln und sternförmig auf den Teig legen. Mit Mandeln bestreuen.

Den Ofen auf 180° C vorheizen, Kuchen auf die zweite Schiene von unten schieben und 30-40 Minuten backen. Auf einem Gitter abkühlen lassen, aus der Form nehmen und später auf eine Platte setzen.

Dazu paßt besonders gut Schlagsahne, die mit den Gewürzen vom Kuchen vorsichtig abgeschmeckt wird. Eventuell 1 Tl Honig in die Sahne geben.

Biskuitboden

*3 Eier, 1 Pr. Vm-Salz, 2 El warmes Wasser, 50 g
Honig, 50 g feingem. Haselnüsse, 100 g feines
Wv-Mehl, 1 Tl Backpulver, Backpapier*

Hier arbeitet der „Hobby-Bäcker": Eier
trennen. Eiklar und Vm-Salz mit dem elektrischen Handrührer steifschlagen. In einer
zweiten Schüssel Eigelb mit Wasser einige
Minuten rühren. Honig dazugeben und alles zu
einer dicken, feinporigen Creme arbeiten.
Haselnüsse, Wv-Mehl und Backpulver
mischen. Mit dem Teigschaber abwechselnd
Eischnee und Mehlgemisch vorsichtig unter
die Eigelbmasse heben.
Springformboden (nicht Tortenbodenform)
auf das Backpapier legen, mit Bleistift
nachziehen, ausschneiden. Mit der richtigen
Seite nach oben in die Form legen.
Teig einfüllen und glattstreichen.
Den Ofen auf 180° C vorheizen. Form auf die
zweite Schiene von unten schieben und
15-20 Minuten backen. Kuchenrand mit einem
Messer lösen, Tortenform öffnen. Biskuitboden auf ein Kuchengitter stürzen, Papier
vorsichtig abziehen und auskühlen lassen.

Biskuittorte „Vanille-Früchtchen"

1 Biskuitboden (s. S. 95)
Außerdem: ¼ l Sahne, 1 P. Sahnefestiger (wenn
die Torte nicht sofort gegessen wird), 350 g
frische Erdbeeren oder Himbeeren, Vanille und
Ahornsirup nach Geschmack, 30 g geröstete
Mandelblättchen

Der „Hobby-Konditor" macht daraus: Sahne
in eine hohe Schüssel gießen und mit dem
Handrührer 2 Minuten schlagen. Dann
eventuell Sahnefestiger einrieseln lassen und
so lange rühren, bis die Sahne steif ist.
Erdbeeren waschen, abtropfen lassen, Blüte
entfernen, dann kleinschneiden. Himbeeren
könnt ihr ganz lassen. Früchte, Vanille und
Ahornsirup unter die Sahne ziehen, abschmek-
ken. Den fertigen Biskuitboden auf eine
Tortenplatte setzen. Die Frucht-Sahne darauf
verstreichen, mit Mandelblättchen bestreuen.
Bis zum Servieren kühl stellen.

Biskuittorte „Zimt-Nüßchen"

1 Biskuitboden (s. S. 95)
Außerdem: ³/₈ l = 1½ Becher Sahne, 70 g gem.
Haselnüsse, 1 Lsp. Zimt (eventuell etwas
mehr), 1-2 Tl Honig, 12 ganze Haselnüsse

Und weiter geht's: Haselnüsse in einer
trockenen Pfanne leicht rösten, auf einen
Teller geben zum Auskühlen. Sahne in einer
hohen Schüssel steifschlagen. 5 El davon in
einen Spritzbeutel mit Sterntülle füllen und bis
zum Garnieren in den Kühlschrank legen.
Unter die restliche Sahne Honig, Zimt und die
abgekühlten Nüsse heben. Den fertigen
Tortenboden damit bestreichen.
Torte in 12 Stücke schneiden. Wer einen
Tortenteiler hat, kann damit die Tortenstücke
vorzeichnen. Ansonsten ist Augenmaß gefragt.
Auf jedes Stück einen Tupfer Sahne spritzen,
obenauf eine Nuß setzen.

● **U wie Uebergewicht**

Übergewicht macht krank. Es ist eine
Belastung für jeden Körper, überflüssiges
Gewicht mit sich herumzuschleppen. Über-

gewichtig kann jeder werden, der mehr ißt, als
sein Hunger ihm erlaubt, und dabei falsche
Sachen wie Kuchen und Süßigkeiten in sich
hineinstopft. Jedes vierte Schulkind ist zu dick.
Und wer zu dick ist, kommt schneller aus der
Puste und wird leichter krank.
Ernährt euch vv − mm = vollwertig, vielseitig
− mit Maß. Ihr beugt dadurch dem Übergewicht vor oder baut es ab. Und wer schlank
ist, rennt doppelt schnell!

Buttermilch-Waffeln

125 g Butter, 50 g Honig, 1 Pr. Vm-Salz, 3 Eier,
250 g feines Wv-Mehl, 1 Tl Backpulver, 1 Lsp.
gem. Anis, ca. ¼ l Buttermilch, Marmelade
nach Wunsch (oder Ahornsirup)

Jetzt an die Arbeit: Butter, Honig, Vm-Salz
und Eier mit dem elektrischen Handrührgerät
gut schaumig rühren. Wv-Mehl, Backpulver
und Anis untermischen. Nun gebt ihr so viel
Buttermilch dazu, daß ein dickflüssiger Teig
entsteht.
Das Waffeleisen vorschriftsmäßig vorheizen.
2-3 El Teig einfüllen, schließen, die Waffeln
goldbraun backen. Mit einer Gabel vorsichtig

aus dem Waffeleisen nehmen und auf ein
Kuchengitter legen. Die Waffeln mit eurer
Lieblingsmarmelade oder ganz wenig Ahorn-
sirup bestreichen.

Dinkel-Rodonkuchen

*150 g Butter, 180 g cremiger Honig (für ganz
Süße 200 g), 3-4 Eier, 275 g feines Dinkelmehl
(ihr könnt auch Wv-Mehl nehmen), 100 g fein
geriebene braune Mandeln, 1 P. Backpulver,
1 Pr. Vm-Salz, Abgeriebenes von 1 unbehandelten Zitrone, ca. 100 g frische Vollmilch,
ungeh. Pflanzenmargarine und V-Paniermehl
für die Form*

Und so macht ihr den Teig: Butter und
Honig mit dem elektrischen Handrührgerät
6-8 Minuten cremig rühren. Dinkelmehl,
Mandeln, Backpulver, Vm-Salz und Zitronenschale mischen. Abwechselnd Eier, Mehlgemisch und Milch unter die Masse rühren.
Die Rodonkuchen- oder Kranzform gut
einfetten und mit V-Paniermehl ausstreuen.
Teig einfüllen, glattstreichen.
Den Ofen auf 180° C vorheizen, 50-60 Minuten
backen. Mit einem Holz-Schaschlikspieß

Garprobe machen: Es darf kein Teig am Spieß hängen bleiben.
Form aus dem Ofen nehmen, auf ein Kuchengitter stellen und 5 Minuten warten. Dann vorsichtig stürzen und auskühlen lassen.
Ist keine Rodonkuchen- oder Kranzform zu Hause, könnt ihr auch eine Springform, 28 cm Durchmesser, nehmen.

Dinkel-Kirschkranz

Dinkel-Rodonkuchen (s. S.99)
Außerdem: 1 El feines Dinkelmehl, 700 g
Sauerkirschen (frisch oder tiefgefroren)

Wenn ihr wollt, könnt ihr die Kirschen entkernen. Es muß aber nicht sein: Dann ist es eben ein „Spuckkuchen". Nur solltet ihr darauf aufmerksam machen (Zähne!).
Kirschen waschen, mit Küchenkrepp trocken tupfen. Tiefgefrorene Kirschen etwas antauen lassen. Dinkelmehl darüberstreuen, die Früchte darin wälzen, sonst sinken sie beim Backen auf den Kuchenboden. Kuchenform wie bei Rodonkuchen vorbereiten. ⅔ der Teigmasse einfüllen. Die Kirschen darauf verteilen, nur nicht direkt an die Kuchenform

legen. Teigrest darüberstreichen. Wie's
weitergeht, steht beim Dinkel-Rodonkuchen
auf S. 99.

Kokoskipferl

150 g feines Wv-Mehl, 100 g feine Kokosraspeln, 80 g Honig, 1 Eigelb, 1 Pr. Vm-Salz, 100 g kalte Butter in Stückchen

So backt ihr sie: Alle Zutaten in eine Schüssel geben und schnell mit der Hand zu einem geschmeidigen Teig verkneten.
Mit Folie abdecken, 30 Minuten kühl stellen.
Ein Blech mit Backpapier auslegen. Kleine Teigportionen zu einer 3 cm langen Rolle formen, die an den Enden etwas dünner wird. Halbmondförmig auf das Blech legen. Bei 180° C im vorgeheizten Ofen 10-15 Minuten backen.
Wer mag, kann die fertigen Kipferl an einer Seite in flüssige Schokolade (s. S. 89) tauchen.

Makrönchen „Nußknacker"

*100 g Butter, 100 g Honig, 1 Ei, 150 g feines
Wv-Mehl oder Dinkelmehl, 120 g Walnüsse
(fein gerieben, sonst verstopfen sie den
Spritzbeutel), 1 Pr. Vm-Salz, ½ Tl Zimt, etwas
abgeriebene Schale von 1 unbehandelten
Zitrone, 1 Tl Backpulver, ungeh. Pflanzen-
margarine fürs Blech
Für die Garnitur: 1 El Milch und einige
Walnußkerne, in Viertel geteilt*

Und so gelingt's: Butter, Honig und Ei mit dem
Handrührer kräftig verrühren. Je länger ihr
das macht, desto lockerer wird der Teig und
desto schöner die Makrönchen. 6-8 Minuten
solltet ihr schon Geduld haben.
Wv-Mehl, Nüsse, Vm-Salz, Zimt, Zitronenschale sowie Backpulver mischen und löffel-
weise in den Teig rühren. Den oberen Rand des
Spritzbeutels zweimal umschlagen, Sterntülle
einsetzen, Teig einfüllen, Beutelrand zurück-
schlagen. Kleine Häufchen auf das gefettete
Blech spritzen. Plätzchen mit etwas Milch
betupfen und je ¼ Walnußkern leicht eindrük-
ken. Die Menge ergibt ein Blech voll leckerer
Makrönchen.
Den Ofen auf 175° C vorheizen. Plätzchen in

8-10 Minuten goldbraun backen. Auf einem
Gitter abkühlen lassen und in einer Blechdose
aufbewahren.
Diese Makrönchen werden auch euren
Freunden prima schmecken.

Mürbeteig-Törtchen

*100 g Butter, 80 g Honig, 1 Eigelb, 50 g
abgezogene, gem. Mandeln, 200 g feines
Wv-Mehl, 2 El Wv-Mehl zum Ausrollen,
1 Eiklar, Mandelblättchen, Backpapier
Füllung: 1 Becher Sahne, 1 Tl Honig oder
Ahornsirup, frisches Obst (Erdbeeren,
Himbeeren, Banane, Pfirsich, Mandarine o. a.)*

So backt ihr sie: Butter, Honig, Eigelb,
Mandeln und Wv-Mehl in eine Schüssel geben.
Von Hand schnell zu einem festen Teig
verkneten. Abdecken und 30 Minuten ruhen
lassen.
Das Backblech mit Backpapier auslegen.
Auf die Arbeitsfläche etwas Streumehl stäuben
und den Teig mit der Kuchenrolle etwa ½ cm
dick ausrollen. 6 Kreise von ca. 8 cm Durchmesser ausstechen. Den restlichen Teig
zusammenkneten, eine Rolle formen, in
6 gleiche Teile schneiden.

Aus jedem Stück eine „Wurst" rollen, die als
Rand auf ein Törtchen gelegt wird.
Den Boden mit einer Gabel mehrmals
einstechen. Törtchenrand mit Eiklar bestreichen und mit Mandelblättchen bestreuen.
Den Ofen auf 200° C vorheizen. Törtchen
ca. 20 Minuten backen und auf dem Blech
auskühlen lassen.
Für die Füllung Sahne steifschlagen. Die
Hälfte auf die Böden der Törtchen streichen.
Obst waschen und eventuell zerkleinern. Auf
die Sahne legen. Die Törtchen mit dem Rest
der Schlagsahne verzieren.

Pfefferkuchenplätzchen

80 g weiche Butter, 80 g Honig, 2 Eier, 1 Pr.
Vm-Salz, 80 g braune Mandeln, 80 g unge-
schwefelte Sultaninen, 200 g feines Wv-Mehl,
1 Tl Kakao, 2 Lsp. Zimt, 1 Lsp. Muskat, 1 Lsp.
gem. Nelken, 1 Lsp. Hirschhornsalz, 1 El
Wasser, Backpapier

So backt ihr sie: Mit dem Handrührgerät
Butter und Honig schaumig rühren. Eier
trennen, das Eigelb zur Buttermasse geben.
Das Eiklar kommt in eine saubere Schüssel.
Mandeln in einem Tuch kurz abrubbeln, damit
sie sauber werden, dann fein mahlen.
Sultaninen in einem Sieb waschen und
abtropfen lassen. Wv-Mehl mit Mandeln,
Sultaninen, Kakao und den Gewürzen
mischen.
Hirschhornsalz in einer Tasse mit dem Wasser
auflösen und unter die Buttermasse rühren.
Mixstäbe sauber abspülen, das Eiklar und
Vm-Salz damit steifschlagen. Mehlmischung
und Eischnee mit einem Holzlöffel abwechselnd unter die Buttermasse heben. Ihr
erhaltet einen festen Teig.
Backblech mit Backpapier auslegen. Mit
einem Teelöffel, den ihr mit dem Finger

abstreift, setzt ihr kleine Häufchen aufs Blech.
Den Ofen auf 200° C vorheizen. Auf der
zweiten Schiene von oben 12-15 Minuten
backen. Auf einem Rost auskühlen lassen.
Die Pfefferkuchenplätzchen sind so lecker, daß
ihr sie in einer geschlossenen Blechdose gut
verstecken solltet.

Süßer Hefeteig

– und was ihr alles daraus machen könnt.

*200 g frische Vollmilch, 42 g Hefe (= 1 Würfel),
500 g feines Wv-Mehl, davon 50 g zum Kneten
und Ausrollen zurücklassen, 80 g Butter, 100 g
Honig, 1 Eigelb, 1 Pr. Vm-Salz, Backpapier,
1 Eiklar zum Bestreichen und Kleben
Zum Verzieren: Rosinen, Nüsse, Samen, Kerne*

Hefeteig ist ganz einfach: Milch in einem Topf
lauwarm (nicht heiß) werden lassen und die
Hefe darin auflösen. Wv-Mehl in eine große
Schüssel geben und eine Mulde in die Mitte des
Mehles drücken. Dahinein die Hefemilch
gießen und mit so viel Mehl verrühren, daß ein
dickflüssiger Teig entsteht. Mit Mehl bestäuben. Schüssel mit einem dicken Tuch abdecken
und 10 Minuten an einem warmen Ort stehen

lassen. Inzwischen Butter in Stückchen
schneiden und mit Honig, Eigelb und Vm-Salz
flüssig machen.

Nach der Teigruhe den Vorteig mit dem
restlichen Mehl kurz durcharbeiten. Dann
abgekühlte Buttermasse dazugeben und einige
Minuten mit dem elektrischen Handknethaken
kneten. Von Hand macht's aber auch Spaß! Die
Hände zwischendurch mit einem Teigschaber
säubern. Je länger ihr knetet, desto weniger
klebt der Teig.

Zugedeckt ruht der Teig 30 Minuten −
Küchenwecker stellen! Er wächst in dieser Zeit
auf fast das Doppelte.

Backblech mit Backpapier auslegen. Flaches
Gefäß mit Wasser in den Ofen stellen. Auf der
zweiten Schiene von unten 10-20 Minuten
backen. Die Zeit richtet sich danach, wie groß
und dick ihr die Hefeteilchen macht.

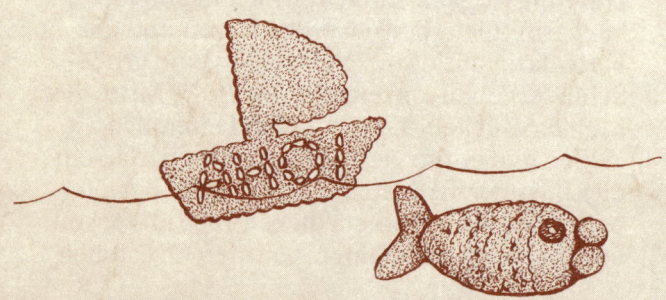

Und das könnt ihr alles daraus machen:

Flinke Fische
Fischleib formen. 2 kleine Kugeln rollen, mit
Eiklar bestreichen und als Mund fest an den
Leib andrücken. Schwanz formen, ebenfalls
bestreichen und ankleben. Mit einer Zickzack-
linie Kopfteil markieren. Eine Rosine, in die
man noch einen Sonnenblumenkern stecken
kann, als Auge nehmen.
Bevor das Blech in den Ofen kommt, schneidet
ihr mit einer Schere Schuppen in den Leib.

Tiefsee-Kraken
3 etwa 10 cm lange Würste formen und wie bei
einem Stern übereinanderlegen. Auf die Mitte
eine Kugel kleben. Als Auge eine Rosine
nehmen.

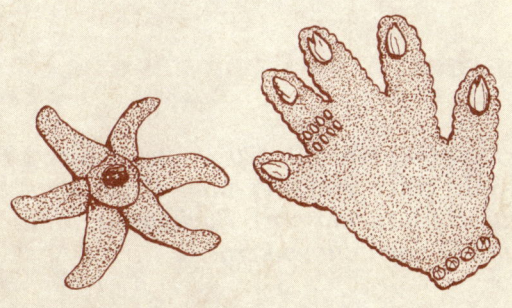

Abenteuer-Schiff
Teig ½ cm dick ausrollen. Schiff mit einem
Dosenmilchöffner dünn vorzeichnen, dann
ausrädeln, möglichst in einem Stück. Mit
Eiklar bestreichen und mit Sonnenblumenkernen, Leinsamen, Mohn, Kümmel, Nüssen
sowie Mandeln verzieren.

Wem gehört die Hand?
Eine Hand auf den ausgerollten Teig legen. Mit
der anderen Hand drumherumrädeln. Weiße
Mandeln als Fingernägel nehmen. Mit
verschiedenen Nüssen und Samen Fingerringe
oder Armbänder legen.

Buchstaben als süße Tischkärtchen
Rädelt die Anfangsbuchstaben der eingelade-
nen Freunde aus, z. B. A für Anne.

Brötchen, Mini-Baguettes usw. mit Hefe

*42 g Hefe (= 1 Würfel), 420 g kaltes Wasser, 1 Tl
Vm-Salz, 600 g feines Wv-Mehl (1 Handvoll als
Streumehl zurücklassen), Backpapier, Mohn,
Sesam, Sonnenblumenkerne*

So macht's Spaß: Hefe in etwas kaltem Wasser auflösen, das ihr von den 420 g abnehmt. Restliches Wasser, Vm-Salz und Wv-Mehl mit dem elektrischen Handrührgerät oder Rührlöffel einarbeiten. Mindestens 10 Minuten durchkneten. 20 Minuten zugedeckt stehen lassen.
Teig auf die Arbeitsfläche geben und das restliche Mehl unterkneten.

1. Soll es schnell gehen, formt ihr 20 **Brötchen**. Dazu Teigstücke von ca. 200 g abwiegen, zu einer Stange rollen und in 4 gleich große Teile schneiden. Brötchen auf dem Tisch zu Kugeln rollen. Backpapier aufs Blech legen.
Mohn, Sesam und Sonnenblumenkerne auf Tellerchen streuen. Oberfläche der Brötchen mit Wasser bepinseln und in die Samen tauchen. 10 Minuten auf dem Blech gehen lassen. Dabei abdecken.

2. Ein **Kleeblatt** entsteht, wenn ihr 3 Brötchen aneinanderlegt und eine kleine Rolle als Stiel daranklebt. Bepinseln und bestreuen.

3. Eine **Raupe** besteht aus vielen kleinen, hintereinandergelegten Brötchen und 2 Mandelstiften als Augen.

4. **Mini-Baguettes** bekommt ihr, wenn ihr etwas größere Brötchen formt und länglich rollt. Mit Wasser bestreichen und nach Lust und Laune bestreuen.

5. Rosinenfans kneten 100 g Rosinen in den Teig und formen nach Phantasie.

Den Ofen auf 200° C vorheizen. Ein mit Wasser gefülltes Gefäß auf den Boden des Ofens stellen. 20-30 Minuten backen, je nach Größe der Teigstücke.
Ihr könnt das Teigstück auch als Brot in einer Form backen. Mit Wasser bepinseln und mit Samen bestreuen.
Backzeit: 50 Minuten bei 200° C.

● B wie Brot

Wußtet ihr, daß seit fast 8000 Jahren das
Getreide zur menschlichen Nahrung gehört?
Zunächst wurden die Körner mit Mörsern oder
Steinen zerkleinert und mit Wasser zu Suppe
oder Brei verrührt. Später hat man flache
Fladen geformt und sie an der Sonne getrocknet oder am Feuer geröstet. Der Backofen war
noch nicht bekannt.
Heute kennen wir bei uns etwa 200 Sorten
Brot. Sie werden hauptsächlich aus Weizen und
Roggen gebacken und zählen zu den Grund-
nahrungsmitteln. Nicht alle Brotsorten sind für
die Gesundheit gleich wertvoll. Vollkornbrot
liefert wesentlich mehr z. B. an B-Vitaminen,
Mineralien sowie Ballaststoffen als Toastbrot
oder weiße Brötchen.
Und wenn ihr aus frisch gemahlenem Getreide
selbst Brot, Brötchen oder Kuchen backt, zieht
der Duft alle Leckermäuler an. Außerdem
habt ihr neben dem Erfolgserlebnis noch etwas
Gutes für eure Gesundheit getan.

6. Allerlei zum Naschen und gegen den großen Durst

Fruchtbällchen

70-80 g geschälte Mandeln, insgesamt 150 g getrocknete, ungeschwefelte Früchte, z. B. Aprikosen, Datteln, Pflaumen, Rosinen

So kommt die Sache ins Rollen: Mandeln in der trockenen Pfanne bei geringer Hitze rösten, bis sie etwas braun sind. Dann werden sie in der Mandelmühle grob zerkleinert. 1 El voll zurücklassen. Die restlichen Mandeln mit den Trockenfrüchten im Mixer pürieren. Wenn sich die Zutaten zu einem Kloß vermengt haben, ist die Masse fertig und kann geformt werden. Mit einem Löffel aus dem Mixer holen, nicht mit den Fingern hineinfassen! Nun rollt ihr kleine Kugeln und wälzt sie in den übriggelassenen Mandeln.
Die Fruchtbällchen halten sich 2-3 Wochen, wenn ihr sie nicht vorher schon alle vernascht habt!

● D wie Dörrobst

Dörrobst = Trockenfrüchte = der Sammel-
begriff für: Backpflaumen, getrocknete
Apfelringe, Birnen, Aprikosen, Weintrauben,
Datteln und vieles mehr.
Schon vor einigen hundert Jahren trockneten
die Menschen Obst, um es haltbar zu machen.
Frische Weintrauben halten sich nur kurze
Zeit. Rosinen, das sind getrocknete Wein-
trauben, kann man monatelang lagern.
Ihr solltet beim Einkaufen darauf achten,
ungeschwefelte Trockenfrüchte zu nehmen.
Durch das Schwefeln geht nämlich ein Teil der
Vitamine verloren.
Der Gehalt an Zucker ist in getrockneten
Früchten sehr hoch. Also nur essen, wenn ihr
sie vorher eingeweicht habt. Früchte waschen
und 12-24 Stunden in kaltem Wasser stehen
lassen, abdecken. Das Einweichwasser
schmeckt köstlich. Ihr könnt es u. a. zum
Süßen von Quarkspeisen nehmen.

Käse-Bananen-Spieße
– ein echter Party-Hit

*2 lange, feste Bananen, 1 Ei, feine Kokos-
raspeln, Hauch Zimt (wenn ihr wollt), Butter
zum Braten (ausnahmsweise), Küchenkrepp,
1 runder, noch fester Camembert, runde
Zahnstocher oder Partysticker*

Und so geht's: Bananen schälen. Die Enden
gerade schneiden. Die Bananen in 2-3 cm
große Stücke teilen. Reste werden gleich
aufgegessen. Das Ei auf einem Suppenteller
mit der Gabel kräftig verschlagen. Kokos-
rapeln auf ein Tellerchen geben. Bananenstücke zuerst in Ei, dann in Kokosraspeln
rollen. Butter in einer Pfanne zerlaufen lassen.
Herd auf Mittelhitze schalten. Die Stücke von
allen Seiten goldbraun backen. Mit 2 Auf-
schnittgabeln oder 2 kleinen Pfannenhebern
könnt ihr sie am besten in der Pfanne wenden.
Kuchengitter mit Küchenkrepp abdecken, die
gebackenen Bananen darauf stellen, damit das
überschüssige Fett vom Küchenkrepp aufge-
sogen wird. Abkühlen lassen.
Camembert in so viele Dreiecke schneiden,
wie ihr Bananenstücke habt. Mit Zahnstochern
oder Stickern zusammenstecken. Wenn ihr

wollt, könnt ihr obenauf noch eine Weintraube oder eine Clementinenspalte stecken.
Wenn euch Kokosraspeln nicht so gut schmekken, nehmt ihr gehackte Nüsse oder Mandeln.

● B wie Banane

Bananen kennt ihr alle, obwohl sie nicht bei uns wachsen. Sie kommen aus tropischen Ländern, wo sie in riesigen Plantagen angebaut werden. Dort finden sie das richtige Klima für ihr Wachstum, nämlich ein feuchtwarmes. Die Früchte wachsen in Büscheln = Bananenhände an Stauden, die bis zu 10 m hoch werden können. Bananen werden immer grün geerntet. Sie reifen bei Temperaturen um 14,5° C schnell nach. Aus diesem Grunde müssen für den Transport nach Europa spezielle Kühlschiffe und -wagen eingesetzt werden. Habt ihr das gewußt?
Die vollreife Banane enthält viel Zucker, Vitamine und Mineralien. Von allen Obstsorten besitzt sie die meisten Ballaststoffe. Bananen eignen sich, frisch oder getrocknet, gut zum Süßen anstelle von Zucker oder Honig.

K – K – K:
Kokos – Kirsch – Konfekt

70 g Kokosraspeln, 40 g Sauerkirschmarmelade (mit Honig gesüßt), 2 Lsp. Vanille, 2 geh. Tl Nußmus, eventuell 1 Tl cremiger Honig, Kokosraspeln zum Wenden

Probiert's mal aus: Kokosraspeln im Mixer oder in der Kaffeemühle ziemlich fein zerkleinern. In einer Schüssel mit Marmelade, Vanille und Nußmus zusammenkneten. Abschmecken. Falls es euch nicht süß genug ist, noch etwas Honig einarbeiten.
Aus der Masse flache Taler – so groß wie 10-Pfennig-Stücke – formen und in Kokosraspeln wenden.
Mit einer anderen Marmelade und gemahlenen Nüssen oder Mandeln könnt ihr's auch mal versuchen.

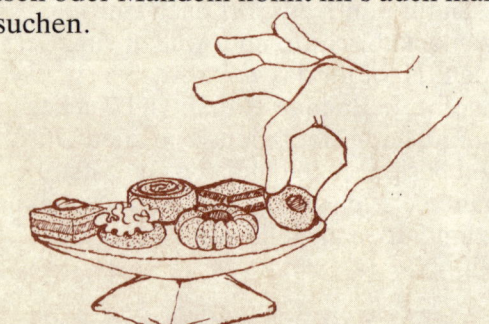

Marzipan

– und was man alles daraus machen kann.

200 g geschälte Mandeln, 1 El Rosenwasser (aus der Apotheke), 80-100 g cremiger Honig (am besten Rapshonig, dann wird das Marzipan schön hell), eventuell geröstete, grob gem. Mandeln

So fangt ihr's an: Die Mandeln müssen sehr fein zerkleinert werden (s. S. 13). Das Mandelpulver so lange mit Honig und Rosenwasser von Hand kneten, bis ihr einen geschmeidigen Kloß erhaltet. Vielleicht muß noch 1 Tl Rosenwasser oder etwas Honig nachgegeben werden.

Daraus könnt ihr z. B. folgende Leckereien zaubern:

Marzipankugeln formen
Als Überraschung eine Rosine oder ein Stückchen Dattel darin verstecken. Eventuell in Mandeln wälzen.

Kleine Marzipanfiguren ausstechen

Das Marzipan wird mit der Kuchenrolle 1 cm dick ausgerollt. Damit es nicht klebt, Marzipan zwischen Frischhaltefolie oder Backpapier legen. Die Ausstechförmchen zwischendurch in gemahlene Mandeln tauchen.

Zweifarbige Pralinen

Wenn ihr etwas Besonderes machen wollt, braucht ihr noch:

Kakaomarzipan

Dafür nehmt ihr 50 g Marzipan ab, gebt 2 Lsp. Kakao und knapp 1 Tl Honig dazu und verknetet es.

Helles Marzipan ½ cm dick ausrollen. Aus Kakaomarzipan eine Rolle formen und mit dem hellen umwickeln. 30 Minuten ins Eisfach legen und dann Taler abschneiden.
Oder: Kakaomarzipan ausrollen, zwischen 2 Schichten Helles legen und ebenfalls kurz tiefgefrieren. Mit einem scharfen Messer Rechtecke, Quadrate, Dreiecke und Rauten schneiden.
Kühl aufbewahrt hält sich das Konfekt 4 Wochen und länger. Die Pralinen eignen sich toll als Geschenk für Naschkatzen!

● T wie trinken

Trinken ist noch wichtiger als essen.
Denn ohne Flüssigkeit läuft in unserem Körper
nichts. Hättet ihr gedacht, daß der Mensch zu
zwei Dritteln aus Wasser besteht?
Da der Körper täglich Wasser abgibt, benötigt
ihr ungefähr 1-1,5 l an Getränken pro Tag, um
nicht auszutrocknen.
Euren Durst könnt ihr am besten mit Kräuter-/
Früchtetee oder Mineralwasser „löschen". Wer
es mit Geschmack mag, mischt sich seine
„Limo" aus Mineralwasser und Zitronen- oder
Orangensaft selbst. Auch Fruchtsäfte ohne
Zucker werden − mit Mineralwasser ver-
dünnt − zu einer prickelnden Erfrischung.
Und wer jetzt noch nicht weiß, womit er seinen
Durst besiegen kann, guckt nach auf den nun
folgenden Seiten.

Carobline

Reicht für 2 Personen.

*½ l frische Vollmilch, 1 El Honig, 1 geh. Tl
Carob = Caruben = Johannesbrotkernmehl*

Und so geht's am besten: Milch in einem Topf
erwärmen. Honig und Carob in einem Becher

mit etwas warmer Milch glattrühren. Mit dem Schneebesen in die Milch rühren, fertig.

Carobline extra fein

Carobline wie beschrieben herstellen. In Gläser füllen. Obenauf 1 Klecks Schlagsahne und etwas abgeriebene Schale einer unbehandelten Apfelsine oder 1 Hauch Carob geben. Wer hat, steckt ein Schirmchen in die Sahne. Das Abreiben von Apfelsinen- oder Zitronenschale macht ihr am einfachsten so: Über eine Muskatreibe legt ihr ein Stückchen Pergamentpapier. Dann reiben. Papier abnehmen und das Abgeriebene mit einem Messer oder Pinsel abstreifen.

Glühender Apfelsaft

0,7 l Apfelsaft ohne Zuckerzusatz, 0,3 l Wasser, Saft von 1 Apfelsine, Saft von 1 Zitrone, 1 Tl Glühweingewürz, Honig nach Geschmack

An kalten Tagen schnell gemacht: Alles zusammen erhitzen, jedoch nicht kochen. Heiß servieren — aber nicht den Mund verbrennen!

● C wie Vitamin C

Vitamine stecken in vielen Nahrungsmitteln,
die ihr täglich eßt. Ihr könntet ohne sie gar
nicht auskommen. Sie sind zwar so „klein",
daß ihr sie nicht sehen könnt, aber sie haben
eine „große" Wirkung.
Vitamin C schützt vor Erkältungen und ist
besonders in Paprika, schwarzen Johannis-
beeren, Kiwis und Zitrusfrüchten enthalten.

Früher tranken die Kinder statt Cola oder
Limos:

„Kinderbier" oder „Hustekuchen"

Für 1 Bier:

*4-5 cm lange Stange echter Lakritz, in Stückchen
geschnitten (Lakritz = Saft der Süßholzwurzel),
¼ l Mineralwasser ohne Kohlensäure*

Und das machten sie so: Lakritz und Mineralwasser in eine Flasche füllen und schütteln, bis
sich die Lakritzstückchen aufgelöst haben.
Die Kinder füllten Hustekuchen in Bier-
flaschen und haben sich mit Kinderbier
zugeprostet.

Karotten-Otto (für 2)

¼ l Dickmilch, ⅛ l Möhrensaft, ⅛ l Apfelsinen-saft, Honig oder Birnendicksaft nach Geschmack, gem. Ingwer oder gem. Anis (wem's schmeckt)

So mixt ihr's: Alle Zutaten in einen Mixer oder hohen Becher geben, tüchtig verquirlen, abschmecken. In Gläser füllen und mit einem Party-Strohhalm servieren.

Mandelshake (für 2)

50 g geschälte Mandeln, ½ l frische Vollmilch, 1 Tl Mandelmus oder Nuß-Mandel-Mix, 1-2 El Ahornsirup, je nachdem, wie süß ihr es mögt, geröstete Mandelblätter

Hier ist der „Barmixer" am Werk: Für diesen tollen Shake weicht ihr die Mandeln in ¼ l Milch 12 Stunden ein. Kühl stellen. Dann kurz im Mixer durchlaufen lassen. Übrige Milch, Mandelmus oder Nuß-Mandel-Mix zufügen und gut durchmixen. In hübsche Gläser füllen und mit einigen gerösteten Mandelblättchen bestreuen. Mit Party-Strohhalm servieren.

Fruchtpunsch „Rotkäppchen"

¾ l Wasser, 4 Beutel oder 2 El roter Früchtetee,
1 Tl Glühweingewürz, 1 große Apfelsine,
1 El Kokosraspeln, ½ l naturtrüber Apfelsaft,
Honig nach Geschmack

So geht's: Wasser, Früchtetee und Glühweingewürz kalt aufsetzen und zum Kochen
bringen. Einige Minuten ziehen lassen und
durch ein Sieb schütten, abkühlen lassen.
Apfelsine quer halbieren, von jeder Hälfte
eine dünne Scheibe abschneiden und für die
Garnitur beiseite legen. Apfelsinenhälften
auspressen. Eure Gläser mit dem Rand in den
Saft und anschließend in die Kokosraspeln
tauchen. Apfelsaft und Apfelsinensaft sowie
den Honig zum Tee geben, in die vorbereiteten
Gläser füllen und so garnieren: Halbe
Apfelsinenscheibe zwischen Schale und
Fruchtfleisch 2 cm lang einritzen, dann aufs
Glas stecken. Schmeckt auch kalt!
Übrigens: Ein guter Durstlöscher nach Schule
und Sport ist Mineralwasser mit niedrigem
Na-Gehalt (Natrium-Gehalt), eventuell mit
Gemüse oder Fruchtsaft verdünnt, außerdem
gekühlte Kräuter- und Früchtetees, mit Honig
oder Zitrone abgeschmeckt.

III. Einladung
zur Leckermäuler-Party

Wir haben aus unserem Büchlein verschiedene
Rezepte ausgesucht, die euch und euren
Freunden sicherlich gefallen werden und eure
Stimmung so richtig in Schwung bringen.
Das heißt aber nicht, daß ihr alle Rezepte
machen sollt. Sucht einige aus, mit denen ihr
am besten zurechtkommt.
V heißt, daß ihr die Rezepte gut vorbereiten
könnt.
S heißt, daß eure Freunde bei der Party selbst
mitmachen können.

1. Super-Überraschungen für eure Gäste am Nachmittag

- Spielereien auf Birne S. 81   V + S
- Erdbeer-Bananen-Eis S. 76   V
- Vanille-Eis mit heißer Fruchtsoße S. 84   V
- Wackelpudding „Schmutkebulli" S. 87   V
- Amerikaner „black and white" S. 89   V
- Bananenkuchen S. 93   V
- Buttermilch-Waffeln S. 98   V + S
- Mürbeteig-Törtchen S. 104   V
- Biskuittorte „Zimt-Nüßchen" S. 97   V
- Kokos-Kirsch-Konfekt S. 118   V
- Marzipan S. 119   V + S
- Carobline extra fein S. 122   V
- Mandelshake S. 124   V + S
- und Mineralwasser nicht vergessen!
- Getreidekaffee mit frischer Vollmilch
  (Beachten, was auf der Dose/Tüte steht.)

2. Wenn's dunkel wird, kommen Leckermäuler richtig in Schwung

Bevor nun das Buch zu Ende ist, kommt noch
dieser Kreis herangekullert. Er zeigt euch auf
einen Blick, worauf es bei Vollwert-Ernährung
ankommt.

Frühstück und Pausenbrot
– alles, was fit macht

Kunterbunte Salate

Wo finde ich die Rezepte?

Wo finde ich die Rezepte?

Die Autorinnen

Luise Brüggemann ist 1933 in Rheine geboren.
Sie ist verheiratet und hat 2 Kinder. Vor gut
11 Jahren lernte sie Vollwert-Ernährung kennen
und führte sie in ihrer Familie ein.
In vielen Seminaren und Kursen und durch die
Ausbildung zur UGB-Gesundheitstrainerin –
Bereich Ernährung – erweiterte sie ihre
theoretischen und praktischen Kenntnisse. Es
ist ihr Anliegen, Erwachsenen und Kindern
gesunderhaltende Vollwert-Ernährung zu
vermitteln. Durch ihre Aktivitäten im Verband
Unabhängiger Gesundheitsberater Deutsch-
land UGB e. V., Gießen, ist sie weit über das
Münsterland hinaus bekannt.
Silke und Ute Brehme, Zwillingsschwestern,
sind 1965 geboren und auf einem Bauernhof
aufgewachsen. Beide machten Abitur. Silke
besucht eine Diätschule, Ute studiert Oeco-
trophologie. Frau Brüggemann lernte sie in
einem Kurs „Vollwert-Ernährung" kennen;
beide waren begeistert und probieren seitdem
viele Rezepte aus der Vollwertküche aus.
Anläßlich von Vollwert-Veranstaltungen
übernehmen sie die Betreuung von Kinder-
gruppen und zeigen neue Wege der Ernährung
auf.